우리 안의 유럽, 기원과 시작

근대의 문턱에서 조우한 유럽

우리 안의 유럽, 기원과 시작

김미지 지음

근대의 문턱에서 조우한 유럽

생각의힘

차례

1장
유럽과의
첫 만남과 첫인상

2장
제국주의와 식민지의 시대,
《한성순보》가 포착한 유럽

3장

오랑캐에서 문명국으로,
우리가 발견한 유럽

4장

사상과 문화의 보물 창고:
근대 문화의 지향점이 된 유럽

새로운 세계, 유럽을 발견한 첫 장면으로

독일, 프랑스, 영국. 이 유럽 국가들은 현시대를 살아가는 한국인들이 우호적으로 생각하는 국가들 가운데 첫손에 꼽히는 나라들이다. 이 나라들은 세계인들의 호감도 순위에서도 가장 앞자리를 차지하고 있다. 2014년 영국의 BBC에서 24개국의 2만 4천 5백여 명을 대상으로 주요 13개국에 대한 국가 이미지 조사를 실시했을 때 가장 호감도가 높은 국가는 독일, 캐나다, 영국, 프랑스, 일본 순이었다. 특히 한국인의 84퍼센트가 독일을 가장 긍정적인 나라라고 표현했을 정도로 한국인들의 독일에 대한 호감, 신뢰, 선망은 매우 크게 나타났다.

한때, 그것도 그리 멀지 않은 과거에 이 유럽 국가들은 광대한 이방의 땅들을 '미개지'라는 이유로 식민지로 삼아 점령하고 군림했던 국가들이거나, 인종을 순수하게 정화한다는 명분으로 대량 학살과 전쟁을 자행한 인류 최악의 전범을 탄생시킨 나라였다. 하지만 이들은 거의 완벽하리만치 성공적으로 제2차 세계대전 이전 또는 제국주의 시대 이전의 명성을 되찾은 듯 보인다. 특히 이들로부터 결정적이고 직접적인 피해를 입지 않았던 우리에게는 말이다.

우리들의 뇌리에 영국은 신사의 나라이자 셰익스피어의 나라로 또 비틀스의 나라이며 축구의 나라로 유쾌한 관심의 대상이며, 프랑스는 자유와 관용(똘레랑스) 그리고 예술과 문화의 나라로서 그 위상이 변함없이 굳건하다. 베토벤과 괴테의 나라이자 유럽연합의 정치적·경제적 리더인 독일은 전통과 미래 거의 모든 면에서 본받을 만한 나라로 추앙받고 있다.

한 세기 또는 그 이상의 세월 동안 동아시아와 남반구 나라들의 근현대사를 송두리째 뒤흔들어놓은 이들이 과거의 과오를 뒤로하고 매력적인 국가로 재탄생 또는 복권될 수 있었던 이유는 무엇일까. 국가 간의 관계는 이해관계와 상황 논리 등 여러 조건에 따라 부침이 있을 수 있고 급변할 수 있지만 호감도나 이미지 같은 다분히 정서적인 요소는 하루아침에 쉽게 만들어지거나 없어지는 것이 아니다. 그래서 유럽 국가들이 세계인들로부터 호감도를 회복하게 된 이유에 대해서는 다양한 분석이 있을 수 있다.

그 하나가 바로 이들이 자신들의 과거와 과오 그리고 피해자들과 마주한 방식과 관련된 것이다. 제국주의 시대와 2차 세계대전이 끝난 20세기 후반 내내(그리고 어쩌면 지금까지도) 그들이 얼마나 철저하게 과거를 반성하며 뼈를 깎는 청산을 실천하고 있는지, 지구적 상생과 협력 및 공존을 위한 국가적인 노력을 얼마나 하고 있는지 등의 질문들은 이들에게 피할 수 없는 운명이 되었다. 결국 그들은 이러한 운명을 받아들이고 그 질문들에 대해 모범 답안을 내놓음으로써 과거를 털어내고 환영받는 존재들이 되었다고 할 수 있다. 독일 수상 빌리 브란트가 1970년 폴란드를 방문하여 희생자 추모비 앞에서 무릎을 꿇은 장면은 그 어떤 반성의 수사나 속죄의 언어들보다도 오래도록 기억되고 회자되고 있다.

그러나 과거에 대한 태도만이 그들의 현재 이미지를 결정하는 전부는 아니다. 글로벌한 세계 안에서 그들이 차지하는 정치적·경제적 위상과 이들의 오랜 문화적·정신적 자산들 또한 이러한 복권이 가능해진 하나의 이유일 것이다. 그보다 중요한 것은 적대와 파괴로 점철된 지난 20세기 '극단의 시대'(에릭 흡스봄, 『극단의 시대: 20세기 역사』)가 다시 도래할 것만 같은 불협화음과 배타성, 공격성의 징후들이 지구촌 곳곳에서 점증하고 있음에도 여전히 이 나라들에서 '포용을 멈춰선 안 된다'는 목소리가 멈추지 않고 있다는 사실이다. 민주주의와 인도주의, 박애정신을 회복해야 할 유럽의 당연한 가치이자 의무라고 여기는 이들이 많다는 것은 지구상의 다른 이웃들에게도 매우 다행스러운 일이다.

우리가 이들 유럽 국가들과 직접 접촉하고 관계를 맺기 시작한 것은 140년이 채 되지 않는다. 1876년 개항 이후 1882년에야 서양 국가들과 외교관계, 정확히는 통상조약을 체결하기 시작했기 때문이다. 이 시기에는 유럽 국가들의 힘이 세계를 좌지우지할 만큼 강대했던 반면 우리는 그 힘 앞에서 열세를 면치 못했다. 그렇다면 첫 만남 이후로 그들과 우리 사이에는 어떤 일들이 벌어졌으며 이는 우리가 그들에 대해 특정한 이미지나 인식, 고정관념이나 편견을 갖는 데 어떤 영향을 미쳤을까. 글로벌한 자유주의 시대이자 자본주의 만능의 시대인 현재와 달리 19세기 후반 그리고 20세기 전반기 그들에 대한 우리의 생각과 감정은 지금과 어떻게 달랐을까. 이 책은 지금과는 달랐을, 그러나 지금과도 분명히 연결되고 있을 그 시대의 이야기들을 통해 우리 안에서 '유럽'이라는 것의 형상과 담론이 어떻게 형성되어왔는가를 들여다보기 위해 쓰인 것이다.

몇 해 전인 2016년 여름, 독일 튀빙겐대학교 한국학과 학생들에게 '한국에서 독일에 대한 관념과 이미지가 어떻게 형성되어왔는가'에 대해 강의를 한 적이 있다. 주로 20세기 초에 본격적으로 유입된 서양 문화 가운데 특히 독일의 문학, 예술과 학문이 얼마나 영향력을 발휘했는지, 유럽 여러 국가들에 대한 관념이 어떻게 한국에서 각기 다르게 형성되어왔는지에 대한 내용이었다. 여기서 독일이 서양 문명과 근대과학의 중심지로서 조선인들에게 동경의 대상이 되었다는 것을 나혜석과 박완서 두 사람의 인상적인 문장으로 보여주었다. 나혜석은 1933년에 쓴 독일 여행기에서 "독일에서는 모든 것에서 과학의 냄새가 난다"고 했다. 박완서 역시 자전적 소설 『그 많던 싱아는 누가 다 먹었을까』에서 1930년대 후반 시골 외가에서의 유년기를 회상하면서, 선물로 받은 덕국(독일)의 물감이 선사한 황홀함을 "문명의 냄새, 문화의 예감"이라는 말로 표현했다. 이 문장들을 소개하면서, 독일과 친연성이 강했고 독일의 영향을 많이 받은 일본의 영향으로 다른 유럽 국가들에 비해 독일에 대한 정보나 우호적인 지식이 한국에서도 더 많이 유통되었다는 것, 제1, 2차 세계대전의 원흉인 독일을 포함해 유럽의 제국주의 국가들은 식민지 조선인들이 보기에 분명 '나쁜 제국'들이긴 했지만, '근대 문명과 서양 문화의 보고'로서 그 지위를 잃지 않았다는 말을 덧붙였다.

그런데 강의가 끝날 즈음 한 학생이 이렇게 질문을 던졌다. 아무리 그렇다손 치더라도 나혜석이 저 문장을 쓴 1933년은 히틀러가 독일에서 집권하고 제3제국이 성립된 뒤의 일이 아니냐고, 그런데도 독일을 여전히 문명국가로 칭송할 수가 있었느냐는 질문이었다. 우리의 선입견대로 표현하면 '독일인다운' 예리하고 냉철한 질문이었다. 그때 나는 이렇게 대답했다. 1933년이면 이미 한국에도 히틀러의 소식쯤은 진작 들어와 있었고, 당시 한국의 신문, 잡지 기사들을 통해 독일이 수상쩍은 움직임을 보인다는 위기의식 역시 상당히 팽배했던 것이 사실이다. 그렇지만 독일은 히틀러의 나라인 한편 괴테와 베토벤을 비롯해 인류가 함께 향유할 만한 유산을 낳은 나라임을 부인할 수 없다. 무엇보다 후자의 인상은 20세기 전반 막 '근대'와 '서양'을 알아가고 경험하기 시작한 한국인들을 훨씬 강렬하게 사로잡았던 것으로 보인다고 말이다. 그래서 유럽과 독일은 많은 후발 근대국가들, 특히 아시아와 한국에서 양가적이고 모순적인 감정을 불러일으키는 존재들이라고. 그런데 강의가 끝나고 나서 나의 내부에서는 이 질문에 대한 보다 납득할 만한 답을 찾기 위해 어디서 무엇부터 다시 들여다보기 시작해야 할까 하는 또 다른 물음이 솟아나왔다.

전쟁과 폭력, 적대와 파괴로 시작된 지난 한 세기를 겪고, 싸우고, 무너지고 또다시 일어난 것은 과거 제국주의 열강, 2차 세계대전의 당사자들, 즉 유럽인들만이 아니다. 우리도 그 시대를 겪어냈고, 숱한 혼란과 변화 속에서 저들을 바라보는 우리의 관점과 태도 또한 무시로 변해갔다. 그렇다면 현재의 우리와 저들과의 관계, 저들에 대한 관념과 이미지를 만들어낸 것이 무엇인지를 찾기 위해서는 저들을 들여다보는 것 이상으로 우리 자신을 들여다보아야 한다. 즉 드라마틱한 변화와 반전 드라마 또는 복잡 미묘한 '관계'의 역사는 저들만의 이야기가 아니라 바로 우리들의 이야기이기도 한 것이다.

이 책은 저들에 대한 우리의 오랜 생각들과 머릿속에 자리잡은 이미지들이 형성되어온 역사를 알기 위해 저들과 관계를 맺기 시작한 첫 장면으로 돌아가 보려고 한다. 유럽의 실체나 유럽 그 자체가 아니라 우리 안에서 '만들어진' 유럽이 우리 자신에 대해 들려줄 수 있는 풍부한 이야기들이 있을 것이라는 기대 때문이다.

그 이야기의 기점을 이 책에서는 19세기 말로 설정하였다. 1876년 개항 이후 1880년대 초 구미 각국과의 외교관계가 봇물 터지듯 이어지고, 1883~1884년 우리나라 최초의 외신 전문 매체인 《한성순보》가 발간되던 시대를, '우리 안의 유럽'이 형성된 시발점으로 삼고자 한다.

유럽과 서양 각국의 존재가 알려지고 서학이 들어오고 천주교가 전파되던 16세기에서 18세기는 유럽이라는 아득한 먼 나라들과 제국주의 시대의 유령이 풍문으로만 전해지던 시대였다. 그러나 19세기에서 20세기 초의 짧지만 결정적인 시대는 그것이 단지 풍문 이상의 것이자 우리의 존망과 미래에 결정적인 영향력을 끼칠 위험하면서도 매혹적인 존재임을 매우 강렬하게 경험하게 된 시대라고 할 수 있다.

이 책에서 다루고자 하는 서양 세계, 특히 서구와의 첫 만남이란 바로 이 시기로부터 본격적으로 시작되는 치열한 싸움과 변화, 한 치 앞을 내다보기 힘든 암중모색과 고투의 기록과 관련한 것이다. 이 만남은 단지 난생처음 보는 서양인들의 낯선 외양에 눈이 휘둥그레지고 그들의 새로운 문물과 기술에 입이 떡 벌어지는 그런 체험을 말하는 것만은 아니다. 그보다는 그러한 접촉을 통해 비로소 맞닥뜨리게 된 우리 자신의 문제들과, 우리의 삶과 운명을 바꿔 놓은 선택과 실천과 같은 것들을 말한다. 우리는 세계를 자기들 방식으로 재편하고자 앞장섰던 서구라는 존재와 그 힘의 육박 앞에서 무엇을 알고자 했고, 선택했으며 행하였는가 하는 것들을 그 시대의 기록들을 통해서 재구성해보고자 하는 것이다.

이 책에서 '서양'이라는 포괄적 개념 대신 '유럽'이라는 특정한 지리적 명칭을 사용한 데에는 몇 가지 이유가 있다. 국민국가의 시대에 들어선 조선에서는 서양의 개별적인 국가들에 대한 정보가 대량으로 유통되고 그들과의 접촉이 본격적으로 시작되면서 서양 여러 나라들과 각기 다른 관계를 맺기 시작했다. 따라서 이들 각각을 나누어 초점을 맞출 필요가 있었고 그 가운데 유럽의 몇몇 국가들이 핵심적인 위치를 차지했다고 보기 때문이다. 또한 이는 미국 등 중요한 서양의 국가들 가운데 선택과 집중을 하여 범위를 한정시켜야 할 필요 때문이기도 했다. 유럽이라고 하면 독일, 프랑스, 영국 이외에도 네덜란드, 이탈리아, 스페인, 러시아 등 수많은 나라들이 있지만 결국 세 나라에 집중할 수밖에 없었던 것은 무엇보다도 그 세 나라가 대표적인 제국주의 국가들로서 아시아와 우리나라에서 서양에 대한 인상을 특히 크게 좌우했다는 점 때문이다. 무엇보다 이 세 나라의 문학과 문화예술, 학문이 근대 초기 우리에게 가한 충격이 매우 지대했다는 점을 지적할 수 있다. 어쩌면 이 세 나라들 외에 가장 큰 영향을 미친 나라는 러시아라고도 할 수 있지만 이를 다루는 일은 이 지면으로서는 도저히 감당할 수 없는 일이기도 했다. 서양이 아닌 유럽 그리고 유럽 가운데에서도 세 나라가 이야기의 중심에 놓이게 된 것은 이러한 연유에서이다.

책을 처음 기획할 때는 저자가 가장 잘 알고 많이 다루어온 시기, 즉 20세기 초반으로 논의를 한정시킬 요량이었다. 그런데 작업을 진행하면 할수록 점점 더 앞선 시대로 시선을 돌릴 수밖에 없었고 계속해서 그 시선은 멀리 표류해갔다. 개항과 서양 국가들과의 수교라는 사건이 19세기 후반에 있었기도 하거니와 조선시대에도 유럽과 유럽 국가들에 대한 이런저런 정보들이 나름의 인식 체계 내에서 활발하게 유통되고 있었던 점을 외면할 수 없었기 때문이다. 이는 일제강점기와 근대 초기라는 시대를 그 이전 시대, 즉 조선시대와 단절시키면서 연속성이라는 문제를 외면해왔던 연구의 태도나 풍토를 돌아보게 하는 기회가 되었다. 단절보다는 연속의 시선으로 전환기를 바라보고 전통과 근대를 이분법적으로 나누는 시각을 극복하기 위해 어떠한 시도들을 할 것인지 숙제를 갖게 되었다고 할까. 물론 조선시대의 전사前史를 포함시키려 가능한 한에서 애쓰긴 했지만 그 시대나 분야의 비전공자라는 점으로 인해 드러나는 허술함을 면하기는 어려움을 알고 있다. 조선시대 문헌에 대한 이해가 매우 범박함에도 불구하고 이에 과감히 접근했던 것은 근대문학 전공자의 입장에서도 볼 수 있고 말할 수 있는 것이 있으리라는 믿음 때문이었다. 근대라고 하는 손쉽게 잡기 어려운 시대 또는 개념을 더 먼 시간들과

의 대화를 통해 다가가고자 하는 첫발은 떼지 않았나 조심스럽
게 생각해본다. 우리가 '근대'라고 부르는 시대와 그것이 밀어낸
타자들과의 상호작용이라는 화두를 붙들려는 시도는 앞으로도
계속하고자 한다.

　무엇보다《한성순보》가 책에서 차지하는 내용이 점점 커졌다
는 점은 애초의 기획과 예상을 완전히 벗어난 우연한 일이었다.
주로 언론학이나 역사학의 연구 대상이었던《한성순보》를 읽다
보니 완전히 다른 관점에서 새로 읽어보고 싶었고 그래서 소기
의 성과도 있었다. '근대성'이나 '개화사상'에 초점을 맞추지 않
더라도 그 자체가 당대 조선의 어떤 앎의 현실과 조건을 보여주
었기 때문에, 동아시아, 특히 중국 매체들과의 직접 비교 속에서
《한성순보》의 독특한 시대적 맥락과 특성을 드러낼 수 있었다고
생각한다. 정부에서 주도하여 펴낸 관찬매체이자 한문매체로서
당대 조선 사회와 독자들에게 얼마만큼의 파급력이 있었는가 하
는 점을 살피는 일은 또 다른 과제가 될 것이다. 적어도《한성순
보》가 중국을 경유해 들어오는 외신 기사들이 망라된 매체로서
우리 안에서 처음으로 유럽과 관련한 정보들과 담론이 광범위하
게 축적되고 유통되는 데 기여했다는 점은 분명하다.

　문헌과 문장, 매체와 문학 등 과거에 남겨진 기록물들을 통
해서 지난 시대를 재구성하다 보니 사실상 '만남'의 과정에서 중
요한 인적 교류나 직접적이고 물리적인 접촉과 관련한 내용들은
충분히 담을 수 없었다. 서양 선교사들과의 만남이나 유럽인들

16

과의 교류에 대해서는 체험담, 여행기, 체류기 등이 적지 않게 남아 있고 이를 다룬 저서들 또한 여럿 나온 바 있어 서로 좋은 보완이 되지 않을까 기대한다. 또한 근래 들어 타자, 즉 서양인, 유럽인들이 본 조선인의 모습과 삶에 대한 조명도 활발하게 이루어지고 있는데, 그 반대 방향에서 '우리가 상상하고 보고 만들어낸 그들', 즉 '우리 안의 타자'를 통해 우리 자신을 돌아볼 수 있는 기회가 되었으면 하는 바람이다.

이 책이 처음 기획될 수 있었던 것은 독일사를 연구하는 한양대 문수현 선배의 제안 덕분이다. 중국 북경에 체류하면서 동아시아 문학을 연구하겠다고 쩔쩔매던 저자에게 한국 근대에 최초로 형성된 독일의 형상에 관해 함께 연구해보자고 제안했던 것이다. 고마운 제의에도 불구하고 사정상 공동 연구는 미뤄졌지만 독일에서 유럽으로 범위를 넓혀 개인 프로젝트를 진행하게 되었다. 애초에는 문화사와 문학사를 아우르고 한국뿐만 아니라 동아시아의 시야에서 작업을 해보겠다는 의욕으로 시작했으나 이를 충분히 수행하지는 못했다. 특히 문학연구자로서 담을 수 있고 담고자 했던 이야기들을 충실히 녹여내지 못했다는 점이 아쉬움으로 남는다. 다른 기회가 있으리라 기대하며 역부족을 메우기 위해 해야 할 일이 아직도 많다는 것을 잘 알고 있다.

전공 분야인 20세기 이후의 역사와 문학으로 한정하려던 기획을 조선시대까지 끌어올리는 작업은 책의 구성에 있어서 꼭 필요한 일이긴 했지만 현대문학 전공자로서는 무모한 모험이었다. 규장각한국학연구원에서 조선시대와 이행기를 연구하는 여러 선생님들과의 교류와 호흡이 없었다면 불가능한 일이었다. 특히 《한성순보》의 세계에 발을 들여놓게 조언해주신 윤대원 선생님이 아니었다면 이 프로젝트는 반쪽짜리가 되었을 것이다.

조선시대 문헌에 대한 거리감이나 두려움을 넘어 보물 창고로 접근할 수 있게 안내해주신 정호훈, 조계영, 박현순 선생님 그리고 조선 후기에서 근대로 넘어가는 이행기, 전환기에 대한 통찰로 영감을 주시는 황재문, 노관범, 정준영, 김시덕 선생님께도 감사드린다.

독일과 관련한 부분을 튀빙겐대학 한국학과 학생들과 대화할 수 있게끔 기회를 주신 이유재 선생님과 적극적으로 해외 학자들과 교류하도록 독려해주신 서울대학교 조해숙 선생님께도 특별히 감사의 말씀을 드린다. 문학 이전에 서양사를 공부했던 사람으로서, 한국에 발을 붙이고 중국으로 한 걸음을 뗀 뒤 다시 유럽의 땅과 역사로 눈을 돌릴 수 있게 된 것은 이 모든 분들의 격려와 응원 덕택이다. 책에서 한문 문헌을 감히 인용할 수 있었던 것은 한국고전번역원의 데이터베이스 덕분이었다. 한문 문헌들을 오랜 시간 묵묵히 번역해오신 수많은 번역자 선생님들의 노고에 많은 것을 빚졌다. 어떤 식으로든 갚을 길이 있기를 바랄 뿐이다. 책의 첫 기획 단계에서부터 출간을 적극 제안해주신 생각의힘 출판사, 놓치고 지나친 부분들을 꼼꼼히 확인하고 편집해주신 이종배 편집자께도 깊이 감사드린다.

마지막으로, 읽고 쓰고 버틸 수 있는 힘이 되어주는 SMH 동지들과 글벗들 그리고 살아갈 힘을 주는 태훈이, 동희를 비롯한 가족들에게 고마운 마음이 가닿았으면 하는 바람이다.

2019년 6월
김미지

1장

유럽과의
첫 만남과 첫인상

동과 서, 그 최초의 만남들

우리와 우리 주변을 넘어 더 크고 넓은 세계가 있으며 그 세계 사람들과 삶의 모습은 우리와 판이하다는 사실을 처음 알게 된 건 언제부터였을까? 우리 조상들에게 기껏해야 중국과 그 주변 '오랑캐들'이 전부라고 여겨졌던 '세계' 또는 '천하'라고 하는 테두리가 무너진 것은 언제이며 우리와 서양 세계와의 만남은 언제 처음으로 그리고 본격적으로 시작되었을까?

대제국을 수차례 건설했고 넓은 영토가 서역에까지 닿았던 중국 대륙에서는 춘추전국시대에까지 거슬러 올라가는 서방 세계와의 만남의 역사가 전해지는데, 본격적인 서양 국가와의 접촉

은 서력기원AD 이전인 한나라 때 실크로드의 개척을 통해서라고
할 수 있다. 한나라 무제 이후 실크로드, 즉 비단길을 통해 이루
어진 동서간의 무역은 오늘날의 아프가니스탄, 페르시아에까지
닿았다. 직접 유럽에까지 닿지는 않았지만 유럽과의 교류로 향하
는 물꼬를 트는 사건이었다. 이후에 후한을 세운 광무제가 서기
1세기 말 서역 원정에 다시 박차를 가하면서 접촉의 범위는 더욱
확대된다. 이때 서역에 진출한 반초가 로마 제국과도 접촉을 시
도한 것으로 알려졌고, 후에 로마 제국 황제 마르쿠스 아우렐리
우스 안토니우스의 사신이 중국에 입성하여 황제인 환제를 알현
했다는 기록(166년)이 『후한서』에 남아 있다. 아시아에서 중앙아
시아 그리고 중부 유럽에까지 민족 간의 대이동의 시대가 시작
된 것도 이 무렵부터였다.

　　동서양의 만남은 13세기에 들어 전쟁과 정복의 시대를 거치
면서 명실상부하게 상호 교류와 접촉이 확산되는 시대로 들어가
게 된다. 칭기즈칸이 페르시아와 소아시아까지 접수하며 몽골 제
국을 확대해 나아가던 시기는 서구 세계가 십자군 전쟁을 치르
고 있던 시기와 겹쳐진다. 이슬람 지역을 제패한 몽골 제국과의
외교적인 접촉을 이유로 교황청에서는 사신을 파견하게 되는데
그들이 바로 최초의 선교사들이었다. 목숨을 걸고 '미션'을 수행
하러 나섰던 그들은 주로 프란체스코 수도회 수도사들로, 이탈리
아의 수도사 지오반니 디 피아노 카르피니가 몽골 제국의 수도
카라코룸에 도착한 것은 1246년이었다고 전해진다. 1279년 중국

대륙에 원나라가 세워지고 1291년 십자군 전쟁이 십자군의 패배로 끝이 난 이후에도 서양의 선교사들은 동양 선교를 위해 몽골과 중국으로 꾸준히 진출했고 베네치아의 상인인 마르코 폴로가 중국에 와서 머문 것도 이 무렵이었다. 마르코 폴로가 중국 대륙에서 머물면서 실제로 경험하고 견문을 넓힌 것이 아니라 떠돌던 여러 소문을 각색하고 채색하여 『동방견문록』을 쓴 것에 불과하다는 주장도 있었지만, 부풀려지거나 비뚤어진 것이 있을지언정 직접적인 접촉 자체를 송두리째 부인하긴 어려울 것이다.

아시아에서도 대륙의 끝자락이자 변방이라고 할 수 있는 한반도에도 실크로드의 한 귀퉁이로부터 중국 너머 서역의 풍문은 일찍이 흘러들어 오기 시작했다. 이미 신라시대에 페르시아의 유리 등 서방의 문물이 전해졌다는 것이 그 증거이다. 또한 16~17세기에는 매우 우연한 일이긴 하지만 조선 땅에서도 유럽인들과의 직접적인 접촉이 종종 있었다. 잘 알려져 있듯이 1627년 제주도에 표류해온 네덜란드인 박연(벨테브레), 1653년 8월 제주도에 역시 난파되어온 네덜란드인 하멜 등이 그들이다. 이는 서양인이 조선을 발견한 것이기도 하지만 조선인들이 서양인을 최초로 발견한 사건이기도 하다. 즉 유명한 『하멜표류기』를 통해서 그 시절의 첫 만남을 이해할 수도 있지만 또한 당시 조선의 관리들이 작성했던 『지영록』이나 『석재고』와 같은 기록을 통해서도 우리의 '새로운 발견'을 새삼 확인해볼 수 있다.[1]

물론 이보다 앞선 기록도 있다. 임진왜란 시기 1593년에 일본군 종군 신부로 온 스페인 사람 그레고리오 데 세스페데스가 웅천포(진해)의 고니시 유키나가의 진지에 일 년여간 머물렀다는 기록이 있고, 1577년 포르투갈인 몬테이로 선장이 마카오에서 일본으로 항해하다가 조선에 표착했다는 연구도 있다. 또 1604년 포르투갈 상인 조앙 멘데스가 통영에 표착했다는 기록도 있다. 그런데 16세기 말에서 17세기 중반에 조선 땅에 닿은 이들은 애초에 조선을 행선지로 한 것이 아니고 대개가 표류로 인한 우연한 접촉들이었기에 서양과의 본격적인 만남보다는 해프닝과 같은 일이라고 보는 편이 정확할 것이다. 마테오 리치가 매우 뚜렷한 동방 선교의 목적을 띠고 광동, 북경 등지에서 십여 년을 거주하면서 매우 깊은 교류를 했던 것과 비교하면 더욱 그러하다.

서양인의 조선 방문이라는 이러한 사건은 우연적이고 돌발적인 에피소드이긴 하지만 큰 흐름에서 볼 때 역사적으로도 의미가 있다. 네덜란드, 포르투갈, 스페인 사람이 이 땅에 발을 디딘 순간들은 유럽에서 시작된 대항해시대와 이후 제국주의가 만들어낸 물결의 한 자락이 이 땅을 적시기 시작했음을 보여주는 것이기 때문이다. 이러한 일들이 있고 나서도 꽤 시간이 흐른 18세기 후반에 들어서면서부터는 우연한 방문이라고 하기에는 의심스러운 접근과 노골적으로 문을 두드리는 일들이 잦아지기 시작한다. 오랑캐들의 낯선 배, 이양선들의 출몰이 그것이다.

이양선異樣船, 눈앞에 나타난 불길한 존재

멀리 서역에서부터 건너와 중국과 조선 땅 앞바다에 출몰하기 시작한 서양의 선박과 서양인들은 서양 오랑캐 또는 서양의 도적, 즉 '양이洋夷', '양적洋賊'으로 불렸고, 그들의 배는 표류선, 황당선荒唐船이라 불렸다.

이양선이 처음 조선 앞바다에서 목격된 것은 1735년 영조 연간으로 전해진다. 황해도 초도 앞바다에서 말 그대로 괴상한 모양의 선박이 눈에 띈 것이다. 그리고 정조 11년인 1787년에 프랑스 군함이 나타났고 1797년(정조 21)에는 영국의 북태평양 탐험선이 용당포(부산 동래)에 들어왔다. 이어서 순조 연간에는 이양선이 출몰했다거나 정박했다는 소식이 심심찮게 조정에 전해졌고, 이 일을 어떻게 처리할지가 지방과 중앙 모두에게 골칫거리였다. 1816년(순조 16) 영길리국英吉利國(영국)의 표류된 배가 호서 비인현 마량진 갈곶(충남 서천) 하류에 정박하였는데, 문자와 언어가 서로 통하지 않았으나 그들이 자기 나라에서 간행된 책 두 권을 주었다는 기록이 있다.[2] 1832년(순조 32)에는 '스스로 대영국의 배라 칭하는' 외양선이 호서지방 홍주의 고대도(보령)에 정박했는데, 영국의 상선 로드 암허스트호였다. 1840년(헌종 6)에도 제주에

●
본서의 한문 번역은 특별한 표기가 없는 한 한국고전번역원의 한국고전종합 DB의 원문과 번역을 참고하여 윤문한 것이다.

외양선이 정박하여 소와 말을 빼앗아갔고, 1845년(헌종 11)에는 홍모국(네덜란드)의 배가 제주에 정박했으며, 그 이듬해에는 '대불랑서국(프랑스)'의 배가 홍주 외연도에 정박하는 등 19세기 전반기에는 이양선의 출몰이 끊이지 않았다. 조선에서는 이들이 나타난 것을 처음에는 흔히 표류라고 받아들였지만, 사실상 일본, 중국에 이어 조선 역시 서양인들의 교역의 상대로서 가시권 안에 들어왔음을 보여주는 사건들이었다.

『조선왕조실록』에서 이양선의 출몰에 대해 기록한 내용들은 크게 두 종류가 있다. 하나는 관련 사실을 보고하는 지방관의 장계이고, 다른 하나는 이 문제를 제대로 보고하지 않거나 미숙하게 처리한 관리들을 처벌하고 징계해야 한다는 건의(상소)였다. 이양선이 해안에서 관측되거나 정박하면 해당 지방의 목사와 감사가 이에 대해 처리하고 보고하는 책임을 진다. 관리들은 이들을 정박시켰다는 이유로 또는 이양선 감찰을 제대로 처리하지 못했다는 이유로 흔히 문책당하기 일쑤였다. 『조선왕조실록』에 보면 순조 32년인 1832년에는 "김난순이 이양선 출몰에 대해 보고하지 않은 윤우현, 김성익의 처벌을 건의"했다는 기록이 있다. 바로 이듬해 1833년에는 "김정집이 영길리국 함선 출현을 묵과한 관리들의 처벌에 대해 아뢰었다"고 쓰고 있다. 또 1840년 12월 30일(헌종 6)에도 "비국(비변사)에서 영국 배 출현으로 제주 목사 구재룡의 파출(파면)과 나처(의금부로 불러들임)를 청하다"라고 되어 있다.[3] 특히 문단속을 제대로 하지 못한 지방관들을 엄벌해야 한다는 여론이 비등했던 것은 책임자를 문책하고 기강을 확립한다는 일반적인 의미로 해석할 수 있지만, 그만큼 가까이 다가오기 시작한 낯선 존재들에 대한 경계심과 의구심이 점증하고 있었음을 보여준다.

처음부터 이 낯선 존재들의 출현과 육박에 신경을 곤두세우기만 했던 것은 아니다. 우선 7만 리나 9만 리 또는 12만 리(약 4만 7천 킬로미터)나 된다는, 감을 잡기도 어려울 정도로 멀리 떨어져 있다는 그 '야만인'들을 문명 높은 우리가 두려워할 이유가 없다는 태연함이 곳곳에서 읽힌다. 유학과 서학을 종합한 대사상가로 일컬어지는 다산 정약용은 규장각 검서관 유득공이 쓴 글에서 『화한삼재도회』나 『곤여도』를 언급한 부분을 인용하면서 "12만 리 밖 구라파인들이 동방의 적이 되지는 못할 것"이라고 했다.[4] 『화한삼재도회』(또는 『왜한삼재도회』, 1712년경)는 명나라의 백과사전 『삼재도회』(1607)에 일본인이 자국 관련 내용을 합해 지은 지리지이다. 『곤여도』라 불린 것은 『곤여만국전도』(마테오 리치, 1602) 또는 『곤여전도』(페르디난트 페르비스트, 1674)로 짐작된다. 이러한 17~18세기 초의 문헌과 지도는 다산을 비롯한 18~19세기의 학자들을 둥근 지구 위 넓은 세계로 안내하는 유일한 길잡이였다.

김정희 역시 1846년에 불랑佛朗(프랑스)이라는 나라에서 조선이 자국 선교사들을 처형한 데 대해 책임을 묻는 패서悖書를 보내 항의한 사건을 언급한다. 그는 그들의 항의 문서에 "겁낼 것 없다"고 적으면서 "설령 다시 오는 일이 있더라도 배 한 척으로

써야 어떻게 몇 만 리를 넘어 타국의 지경에 와서 소란을 일으킬 수 있겠는가"라며 되물었다.[5] 그러나 이 의연함의 이면에는 안도와 불안이 함께 도사리고 있음을 충분히 엿볼 수 있다. 우선 19세기 들어서면서부터 계속해서 중국의 외양에서 벌어지는 소란들이 우리에게까지 미칠 파장을 걱정하지 않을 수 없었다. 아직 우리에게 누를 끼칠만한 근거는 없었지만 영국 오랑캐가 중국의 걱정거리가 된 것은 부정할 수 없는 사실이며, 이를 옆에서 지켜보는 입장에서 마음 편할 수만은 없기 때문이다.

다산이 남포(보령)에 들어온 영국 이양선으로부터 전해진 국서(서계)를 읽고 "그들의 정박이 우연한 일이 아니리라"고 평했던 것은 매우 날카로운 감각이었다.[6] 즉 그들이 우리와 지리적으로 가깝거나 가까이 다가온다면 충분히 적이 되고 남을 위협적인 존재들이라는 점을 간파했던 것이다. 더구나 중국을 통해 건네받은 서양의 지도들을 접한 이들의 충격은 적지 않았는데, 김정희는 영국 오랑캐들이 두고 간 지도를 보고 그 상세함과 세밀함에 매우 충격을 받았음을 다음과 같이 고백한다.

지난번 영이英夷가 남겨둔 지도를 가지고 살펴보건대, 그 지도를 모출摸出한 것이 최근인지, 오래전인지의 여하는 모르겠으나, 대개 최근에 만든 것임은 의심할 여지가 없었습니다. 다른 나라에 대해서는 논할 것도 없이 우선 우리나라만 가지고 보더라도, 중국과 일본과의 국경이 이와 같이 매우 상세하여 남회인南懷仁(벨기에 선교사 페르디난트 페르비스트)의 곤여전도坤輿全圖에 비할 바가 아니요, 또 중국의 황여전도皇輿全圖와도 비교할 바가 아니었습니다. 그러니 그들이 만일 우리 국경의 동서 남북을 수삼 차례 돌지 않았다면 어떻게 이토록 세밀히 그려낼 수 있겠습니까. 그러나 이렇게 우리 국경을 돌던 때가 그 어느 해, 어느 때인지를 모르는 실정이고 보면, 우리나라는 어찌하여 전혀 듣지도 못하고 알지도 못했단 말입니까. 일소一笑를 금치 못하겠습니다.[7]

추사 김정희가 본 영국의 지도는 우리나라와 중국, 일본 사이의 국경이 매우 상세하게 그려져 있어 『곤여전도』나 『황여전도』에는 비할 바 없이 정교하다. 즉 그를 더 놀라게 한 것은 그들이 이렇게 세밀하게 지도를 그릴 수 있었던 것은 우리도 모르는 새에 우리 국경 주변을 수차례 돌아보았다는 말이 아니냐는 것이

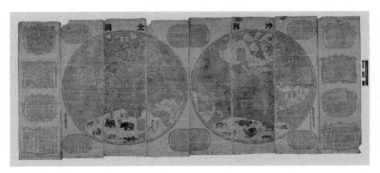

『곤여전도』(국립중앙박물관)

다. 그러나 그는 아직까지 저들(영국 오랑캐)에게 우리나라나 일본이 관심의 대상이 아니니 크게 걱정할 일은 아니라고 적는다. 조선 앞바다에 드문드문 나타났기에 그것은 아직까지 우연한 사건으로 받아들여졌고 어떤 크고 복잡한 맥락 속에서 이해되지는 않았다. 그러나 다산이나 김정희가 기록해놓은 내용들을 보면 19세기 들어서 그들의 존재가 어떤 불길한 예감을 낳기에 충분했음을 보여준다. 당시 조선인들에게 낯선 신세계의 존재들과 그들의 문물, 제도는 호기심의 대상이면서 동시에 경계의 대상으로 양가적으로 받아들여지면서 그만큼 직접적인 접촉과 적극적인 접근은 유예된다.

서양 문명의 첫 물결이었던 천주학과 서학

동방 포교에 열을 올렸던 포르투갈 선교사들이 중국에서 맹활약을 펼치며 서양의 종교와 과학을 전파하던 17세기 초, 조선의 학자들 역시 '서학'이라는 이 새로운 앎의 대상에 눈뜨며 큰 관심을 보이기 시작했다. 중국에서 편찬된 마테오 리치의 한역漢譯 서학서 『천주실의』(1603)와 세계지도인 『곤여만국전도』(1602)는 그 이듬해에 곧바로 중국에 다녀온 사신들의 손으로 조선 땅에 전해진 것이다.[8] 매년 수차례 북경에 파견된 조선의 연행사들과 그들의 수행원들, 즉 연경(북경의 옛 이름) 등 청나라 이곳저곳을 드나들었던 이들이 첨단의 서책들과 서양 문물을 조선 땅에 들여오는 전달책 또는 소개자의 역할을 했음은 물론이다.

중국에서는 16세기 말부터 적극적으로 서양의 학문과 과학을 수용하려는 노력이 대륙의 한 귀퉁이에서나마 싹트기 시작했다. 중국의 서학 수용의 역사에서 가장 앞자리에 놓이는 대표적인 인물로 상해 출신의 서광계(1562~1633)가 있다. 중국 명나라 말기의 학자이자 관료인 서광계는 서양의 서적들을 한문으로 번역하고 간행하는 데 주도적인 역할을 한 서학의 선구자이며 천주교 세례를 받은 인물이기도 하다. 당시 중국에서 활동했던 천주교 선교사들은 서양의 새롭고도 매력적인 문물과 학문을 앞세우면서도 유교 전통과 타협 정책을 취하며 적극적으로 포교 활동을 전개해갔다. 이러한 서양의 선교사들이 중국 및 일본에 이어 조선에도 진출하고자 했음은 물론이다. 그러나 이러한 직접 진출은 번번이 좌절되었고, 천주교회가 조선에 만들어진 것은 18세기 말인 1784년이 되어서였다. 조선에서는 중국, 일본과 달리 서양 선교사에 의해서가 아니라 간접적으로 한역 서학서를 통해 습득한 서학 지식을 바탕으로 자생적으로 천주교 신자들이 생겨났다는 점은 잘 알려져 있다.

조선에도 중국의 서광계와 같이 일찍이 서양의 새로운 과학과 학문에 매료된 이들, 적어도 깊은 관심을 가진 이들이 있었다. 성호 이익, 다산 정약용, 최한기, 홍대용 등은 주자학의 질서를 거스르지는 않았지만 새로운 세계와 학문에 대한 앎을 사상적

성찰의 계기로 삼은 이들이다. 유럽이라는 수만 리 밖의 세계와 서학의 존재, 중국의 서양 과학 수용을 진작부터 감지하고 있었던 18~19세기 조선의 일부 학자들은 그 낯선 학문이 충분히 상고詳考해볼 만한 가치가 있다고 생각했고, 자신들의 방식으로 이해하고자 노력했다.

일찍이 17~18세기의 학자 성호 이익은 아담 샬이 만든 시헌력時憲曆[9]에 줄곧 관심을 보이면서 "이미 정해진 계산방식이 있어 명료하지 않은 것이 없으니 그 정밀한 것이 이런 정도"[10]라 감탄했다. 그러나 현실에서 그것을 이해하는 사람은 드물었고 옛 역법을 고수할 수밖에 없었으니 한탄에 그칠 수밖에 없었다.[11] 그는 "구라파의 천주에 대한 설은 내가 믿는 바는 아니지만, 하늘과 땅을 설명한 말은 이치가 철두철미하고 공력이 결집되어 있으니 전에 없던 말"[12]이라고도 했다. "서양의 글이 선조 말년부터 이미 우리나라에 들어와서 명경석유名卿碩儒들이 보지 않은 사람이 없었으나, 서실의 구색으로 갖추었을 뿐"이라는 안정복(1712~1791)의 말처럼,[13] 천하를 완전히 다른 패러다임에서 이해하고 그 안에서 진리를 구하려는 노력은 대세를 형성하지 못했다. 정밀한 과학을 앞세운 서학의 실용보다 이교, 즉 사교邪敎에 대한 경계가 우선이었기 때문이다. 중국에서나 조선에서나 서광계와 같은 이단아는 오래도록 '사대부의 수치'로 여겨졌고, 천주교에 대한 공포에 가까운 경계와 혐오는 한 세기가 지나도록 해소되기는커녕 더욱 더 강화되었다. 이 때문에 대륙의 풍문을 그저 남의 나라 이야기로만 치부하거나, 양이와 사교로 인해 중국이 곤란을 겪는 것을 보고 타산지석을 삼으려는 움직임이 커져갔다.

그러나 청나라에서도 그러했던 것처럼 서학을 광범위하게 수용하려는 시도와 한문 번역을 통해 서학을 활발하게 소화, 흡수하고자 했던 노력을 조선에서 완전히 도외시했던 것은 아니다. 한문 독자층을 새로운 세계로 안내할 한역 서학서들을 국가 차원에서 수집했던 것은 정조 때부터였다. 정조가 세운 규장각에는 18세기 말부터 서양인들이 지은 책의 한역본이나 중국인들이 지은 서학서 등이 상당한 규모로 수집되기 시작했다. 물론 이렇게 공적 또는 사적으로 수집되는 서책들이 유통되며 공유되고 연구되기까지는 상당한 제약이 있었다. 예를 들어 18세기 중반에 조선에 소개된 유클리드 기하학의 경우를 보자.

유클리드가 집필한 수학 역사서이자 원론서인 『원론Elements』은 1607년 마테오 리치와 서광계에 의해 일부가 번역되어 『기하원본』이라는 제목으로 출판되었다. 황윤석(1729~1791)과 이규경(1788~?)의 증언에 따르면 이 책을 궁금해하고 실제 보고 싶어 했던 학자들이 조선에도 상당히 많았던 모양인데, 이를 보려는 사람들은 대부분 홍계희와 서호수가 가지고 있던 것을 빌려다가 필사하여 읽었다고 한다. 영조 대의 문신 홍계희는 1747년 통신상사로 임명되어 일본에 다녀온 적이 있고, 규장각에서 편찬 사업을 주도한 서호수는 1776년 정조가 즉위하던 해를 비롯해 두 차례 청나라 사행을 다녀온 인물이다. 즉 중국이나 일본을 통해 사행 경험이 있는 이들이 외래의 서책을 수집하면 이를 베껴 쓰는 필사본들이 만들어졌다. 현재 규장각에 소장되어 있는 『기하원본』도 중국에서 간행된 원저작물이 아니라 누가 언제 필사했는지 알 수 없는 필사본이다.[14]

　서학은 지리와 천문, 수학을 비롯한 과학 지식이 매우 큰 부분을 차지하고 있었기에 매력적인 학문의 대상으로 받아들여졌지만, 이 학문의 범주 내에는 천주학 역시 큰 비중으로 존재했다. 넓은 의미의 서학이 서양의 온갖 학문을 포괄하는 것이기 때문이기도 했고, 서양의 과학 지식이나 서책들 역시 서양 선교사들이 동방 포교를 하는 데 있어 내세우기 좋은 온갖 진귀한 외래의 것들 가운데 하나였기 때문이다. 애초에 천주학은 서학이라는 큰 범주의 일부일 뿐이라고 보는 것이 상식적이었고 실제로 성호 이익의 경우처럼 그렇게 받아들이는 이들이 적지 않았다. 그러나 유학에 대한 도전으로 받아들여진 천주학과 서학 전체가 동일시되거나 매도되면서 서학은 곧 사학이 되고 많은 부분 금단의 영역으로 들어가게 된다. 아무리 천주학과 분리시켜 접근한다고 해도 서학에 대한 탐구 자체가 위축될 수밖에 없는 환경이 조성되었던 것이다.

　잘 알려져 있다시피 다산 정약용이 그러한 경우인데, 다산이 서학이라는 학문에 매료되었을 뿐인지 아니면 천주교까지도 신앙으로 받아들였는지는 최근까지도 논쟁이 되었다. 2017년 한국 천주교 230년을 기념하여 바티칸 박물관에서 특별전시회가 개최되었을 때 '정약용 무덤에서 발견된 십자가'가 전시된다는 소식이 큰 논란을 낳았다. 이 십자가가 실제 다산의 것이라는 증거가 없다는 학계와 후손의 주장이 잇따르자 결국 전시회에서 이 십자가를 전시품목에서 제외시켰던 해프닝이 있었다. 형 정약종과 매부 이벽, 이승훈 등 천주교 세례를 받은 일가족이 사교에 연루되어 참형을 당하는 것을 목도하고 유배까지 가야 했던 다산이었다. 그랬기에 다산이 그의 벗들과 마찬가지로 천주교에 귀의했으나 끝내 은폐할 수밖에 없었다고 믿는 이들도 있다. 그러나 학문적으로 볼 때 정약용은 서학이라는 관문을 통해 성리학을 재해석한 사상가로 이해하는 것이 일반적이다.[15]

일찍이 유럽 여러 나라들과 그들의 학문에 대해 인지하고 있었던 명나라나 그 시기의 조선은 서양 오랑캐들이 만들어낸 거대한 조류 속에 끌려들어 가려는 발끝을 재빨리 건져내고 문을 꽁꽁 걸어 닫기 바빴다. 그리고 청나라와 조선이 그 빗장을 거두게 된 것은 18~19세기를 지나면서부터였다. 서학이 처음 전래된 지 이백 년도 더 지나서, 또 서학 전래의 일환이라고 할 천주교가 본격적으로 들어온 지는 백여 년이 지난 시점이었다.

명나라가 16세기 초에 항구를 열고 포르투갈 등의 서양 나라들과 직접 교역을 했던 것은 적어도 대등한 위치에서였지만 18세기부터는 힘의 균형을 내다볼 수 없는 처지에 놓이게 된다. 특히 19세기 전반기 순조와 헌종 연간은 영국, 프랑스, 독일의 이양선이 자주 출몰하여 가시적인 위협이 본격적으로 나타난 시기이며, 무엇보다 천하의 중국이 1840년 이래로 아편전쟁을 겪고 영국 및 서양 열강들과 불평등 조약(난징·톈진·베이징조약 등)을 맺게 된 세계사적인 사건이 발생한 때이다. 조선은 1876년 강화도조약에 의한 개항에 이어 1882년 "세계 만국의 통례와 대세를 따라" 서양 각국과 통상조약을 체결하면서 고종이 "척양에 관한 비석들은 모두 뽑아버리도록 하라"는 유시를 온 나라에 공표하기에 이르기까지[16] 대세에 버틸 만큼 버텼고 또 세계를 관망할 만큼 관망한 터였다. 이제 한반도의 주민들은 중화의 질서와 한자 문화권에서 벗어난 더 크고 압도적인 세계를 직접 경험하게 되었고, 문명사적 전환이라는 시대의 흐름을 온몸으로 겪어내지 않으면 안 되는 운명에 놓이게 된다.

문헌으로 배운 구라파歐羅巴와 구라파인들

12만 리 또는 9만 리 밖의 이역

일찍이 17세기 초에 지어진 이수광의 『지봉유설』에서 마테오 리치와 그의 『천주실의』를 소개할 때 "구라파국" 또는 "태서국太西國"이라는 명칭이 등장하는데 이는 중국을 통해 전해져온 먼 이역의 새로운 이름이었다. 유럽이라는 땅이 있고 거기에도 여러 나라들이 모여 있다는 것을 알기 시작했던 것이다. 그러나 구체적으로 어떤 나라들이 어떻게 존재하는지를 체득하기에는 오랜 시간이 필요했다. 『지봉유설』에는 "이마두利瑪竇(마테오 리치)라는 사람이 있어 바다로 8년 동안에 8만 리의 풍도風濤를 넘어" 광동 지방에 건너왔다고 전한다. 18세기에 다산은 구라파가 우리와 '12만 리' 떨어져 있다고 했고, 19세기 전반기의 학자 이규경은 "중국과 9만 리나 떨어져 있는"[17] 곳이라 했다. 오늘날 부산항에서 출발하여 인도양 항로로 서유럽에 도착하기까지의 최단 거리가 약 2만 킬로미터인데, 이를 리里로 환산하면 약 5만 1천 리 정도가 된다.* 12만 리든 9만 리든 이들에게는 전혀 실감할 수 없는 아득한 먼 지방이었다는 점에서는 별 차이가 없다. 특히 '구만리'라는 말은 흔히 멀어서 손에 잡히지 않는 시공간적 거리를 칭하는 비유이기도 하니 더욱 그러하다. 1402년(태종 2) 만들어진 조선 최초의 세계지도 『혼일강리역대국도지도』의 권근의 발문에 "천하는 지극히 넓다. 중국에서 밖으로 사해에 닿아 몇 천, 몇 만 리나 되는지 알 수 없으니"[18]라고 쓰여 있던 것에 비하면 그나마 조금 가까워진 것이라고 할까.

서양, 특히 유럽은 천하의 중심으로 자리잡고 있는 중국 바깥의 여러 오랑캐들 가운데 하나로 막연하게 받아들여져 왔다. 그러다가 유럽이 서역의 일부라는 막연한 상상에서 벗어나 보다 구체적으로 해체되기 시작한 것은 청나라 때 서양 여러 나라

---

*

19세기 말 개통된 시베리아 횡단열차를 통해 유럽까지 간다면 약 1만 킬로미터, 환산하면 2만 5천 리의 거리이다.

들과의 통상 교역 교류가 활발해지고 지리지나 백과전서 그리고
세계지도 등이 등장하면서부터이다.[19] 서역의 일부 또는 중국의
외부로만 인식되던 그곳은 이제 유럽이라는 실질적인 지방과 그
지방을 점하고 있는 여러 개별적인 나라들을 가리키게 된 것이
다. 그러나 여전히 유럽이라는 땅의 구체적인 형상과 각 나라들
에 대한 정보는 턱없이 부족했고, 따라서 오랜 시간에 걸쳐 천천
히 수정되고 보완되는 과정을 거쳐야 했다.

18세기 초에 일본에 다녀온 통신사 임수간(1665~1721)이 남긴
사행 기록인 『동사일기』(1711)를 보면 일본의 유학자와 서양, 유
럽 국가들에 대해 필담을 나누는 대목이 등장한다.

"대서양大西洋은 서역에 있는 나라 이름이지만,
구라파 · 이태리 · 네덜란드 등 여러 나라는 어느 곳에 있습니까?"
하니, 백석이 말하기를,
"귀국에는 만국전도萬國全圖(서양에서 만든 세계지도)가 없습니까?"
하였다. 남강(종사관 이방언)이 대답하기를,
"고본이 있기는 하나 이러한 나라들이 모두 기재되어 있지는
않습니다."
하니, 백석이 말하기를,
"서양이란 곳은 천축(인도)에서도 수천 리나 되는데,
이른바 대서양 · 소서양小西洋이 있습니다."[20]

조선의 사신은 일본의 학자 백석, 즉 아라이 하쿠세키新井白石[21]에게 유럽 여러 나라들의 존재에 대해 물으며 "대서양이 서역의 나라 이름"인 것은 알지만 오늘날의 유럽, 이탈리아, 네덜란드 등이 어디 있는지는 알지 못한다고 말한다. 서양, 유럽과 그 국가들에 대해 이름만 들어봤을 뿐 그에 대한 개념이 전혀 없음을 보여주는 것이다. 이에 백석은 "귀국에는 만국전도가 없느냐"고 묻는데, 자신은 그보다는 더 많이 안다는 듯 포즈를 취하는 백석 역시 "서양은 대서양, 소서양이 있다"고 답함으로써 인식의 수준에서 그다지 더 나을 것이 없음을 보여준다.

대서양－소서양이라는 구분은 무엇을 의미하는 것일까? 이는 '크다－작다'는 개념이기도 하지만 '멀다－가깝다'는 뜻으로도 이해할 수 있다. 중국에 들어온 서양 선교사들이 지도에 한자로 지명을 표기할 때 중국과 가까운 서쪽인 인도양 연안을 '소서양', 보다 먼 서쪽인 유럽 지역을 '대서양'이라 칭하기 시작했던 것이다. 이렇게 큰 것과 작은 것을 대응시키는 사고방식은 이후 시간이 흘러 조선인들이 유럽인들과 직접 접촉하는 대목에서 다시 등장한다. 1832년(순조 32) 영국의 이양선이 나타났을 때 조선 관원들과 영국 선원들 간에 필담으로 오고 간 대화에서이다. 영국 배가 홍주(충남 홍성) 불모도 뒷바다에 표류하자 충청 감사가 영국인 뱃사람들을 조사한 적이 있는데, 이 기록이 『연원직지』에 부기된 「영길리국 표선기」에 실려 있다. 『연원직지』는 1832~1833년 순조 연간에 청나라에 다녀온 김경선이 지은 사행 기록이다. 이 기록에 영길리의 뱃사람이 자기 나라의 이름을 "대영국"이라 하자 우리 관원들이 "소영국이 있어 대영국이라 하는가" 묻는 대목이 나온다.[22] 이에 뱃사람들은 "소영국"이라는 것은 없고, "세 나라, 즉 영국(잉글랜드), 애란국(아일랜드), 사객란국(스코틀랜드)이 합하여 하나가 되고 황상 한 분이 주관하기 때문에 대영국이라고 하는 것"이라고 바로잡아 주고 있다.

앞서 조선과 일본 사신의 대화에서 만국전도 이야기가 등장하듯이 당대에 세계지도는 직접 가보지 못한 채 풍문으로만 접한 먼 나라들의 형상과 위치를 눈앞에 펼쳐 보여주는 신통한 기록물이었다. 지도상에 자리잡은 땅들의 위치와 관계를 통해 우리와의 거리를 가늠해보고 또 땅 주인들의 특징을 상상할 수 있게 해주기에, 청나라에서 들여온 지도들은 세계에 대한 지식과 인식이 확장되는 데 매우 큰 기여를 하게 된다. 그런 점에서 다산이 『화한삼재도회』나 『곤여도』를 살펴보면서 구라파 여러 나라들에 대해 곰곰이 생각하고 감상하는 대목은 흥미롭다. 즉 문헌과 지도를 맞대어 놓고 그 땅과 그 땅에 사는 사람들의 모습을 머릿속에 그려보는 것이다. 문헌으로 접한 네덜란드인, 즉 아란타 또는 홍모국 사람들은 "피부가 희고 모발이 붉고 코는 높고 눈은 둥글면서 광채가 난다"고 했다.[23] 또 "개와 같이 항상 한쪽 다리를 들고 오줌을 눈다"고 되어 있으니 어떤 연유로 이렇게 기록된 것인지 알 수 없으나 "개와 같이"라는 표현에서 이들 서양인들을 어떻게 상상하고 있을지 짐작할 수 있다. 이덕무의 「비왜론備倭論」

에도 비슷한 대목이 등장하는데 그는 아란타인들의 외양을 "깊은 눈과 긴 코에 수염과 머리는 모두 붉으며 발은 한 자 두 치나된다"고 적었다.[24]

처음 서양, 즉 유럽인은 이들의 상상 속에서 야만적이고 미개한 모습으로 그려졌다. 유럽 역시 중국이나 조선처럼 오랜 세월에 걸쳐 만들어진 역사와 문화가 있는 곳이라는 생각을 할 수 없었던 이들로서는 유럽인을 야만의 상태로 머물러 있는 오랑캐로인식하는 것이 무리가 아니었다. 대항해시대는 보기에 따라서 해적과 노략질의 시대이기도 했으므로 문명국인 조선에서 그들을야만으로 본 것이 그리 틀렸다고만은 할 수 없을 것이다. 그러나유럽과 유럽 나라들에 대한 이러한 생각은 다산이 세상을 뜨고약 반세기가 지난 19세기 후반에 이르면 완전히 사라진다. 그 사이에 세상의 형세가 완전히 뒤바뀐 탓도 있지만 그들에 대한 앎이 좀더 넓어지고 깊어지면서 나타난 변화이기도 하다.

삼백 년간 지구를 휩쓴 이들

중국에서 간행된 문헌과 신문들을 근거로 서양 지식을 부지런히 조선에 전했던 《한성순보漢城旬報》(1883~1884)에서 구라파에대해 기술하는 대목들을 보면 이를 확연히 알 수 있다. 2호에 실린 「구라파주」는 유럽을 전체적으로 개관하는 글인데, 이 글 앞머리에 "유럽의 역사를 읽은 사람은 반드시 알 것이다"와 같은문장이 등장하는 것만 봐도 그러하다. 이 글에서는 구라파주를 하나의 큰 나라로 간주해도 좋다고 말한다. 각 국가의 개별적인 차이보다도 구라파 전체의 형세와 공통적인 특질을 중요하게 여긴 것이다. 10호의 「구라파사기」 역시 유럽 역사의 대강을 요약해놓고 있다. 그러면 이 글들에서 유럽이 어떻게 특징적으로 기술되는지 살펴보자.

"장사를 하면 반드시 이득을 보고 전쟁을 하면 반드시 이기는 주이다"

"상하 협력하여 크게는 나라가 부강하고 작게는 자신의 권리를 보존한다"

"文學(학문을 뜻함)은 날로 새로워져서 어느 곳이나 학교가 없는 곳이 없고, 어느 것이나 학문의 대상이 아님이 없다."

"과학 연구의 발전은 실로 헤아릴 수가 없다"

"서양의 부강은 민회民會에서 나온다" (이상 「구라파주」,《한성순보》2호, 1883. 11. 10.)

"사람이 있으면 반드시 외교를 하고 땅이 있으면 반드시 차지하니, 이렇게 지구를 휩쓴 지 거의 삼백년이다"

(「구라파사기」,《한성순보》10호, 1884. 1. 30.)

"반드시 이득을 보고 반드시 이기며", "어느 것이나 학문의 대상으로 삼는", "헤아릴 수 없는 과학 발전이 있는 곳." 유럽이 경탄과 배움의 대상이라는 시선이 역력히 드러나는 서술들이다. 이후에 여러 호에 걸쳐 영국, 법국(프랑스), 미국, 덕국(독일) 각각의 나라들에 대한 개괄적 소개인 '지략誌略'이 등장하고 있어 이 글들은 유럽 전체를 다루는 총론 성격이라고 할 수 있다. 이는 구라파주의 역사, 지리, 문화에 대한 전반적인 이해를 돕고자 쓰인 글들이지만 사실 목적은 따로 있었다. 즉 이들의 부강을 배우기 위해서는 부강의 원천이 된 격치(格物致知, 과학)만이 길이요 답이라는 점을 강조하고자 했던 것이다.

유럽과 유럽 여러 나라들에 대한 지식과 정보는 점차 쌓여갔지만 이를 체계적으로 정리하거나 필요에 따라 취사선택할 단계는 아직 아니었다. 이들에 대한 정보들은 쓸모를 찾지 못하고 난무하듯 어지럽게 널려 있었다. 특히 1890년대부터 1900년대에 학회지와 근대 신문지들이 우후죽순 생겨나면서 이들 지면을 채운 콘텐츠들 가운데에는 외국에 관한 잡학사전 식의 지식이 큰 부분을 차지했다. 영국을 예로 들면 면적과 인구, 군비, 군함의 수, 우정제도, 세제稅制와 같은 이 나라를 이해하는 데 필요한 기본적인 정보뿐만 아니라, '영국에서 1년간 오고 간 우편 편지의 통계', '영국민의 계란 소비액', '영국 담배 가게의 숫자와 그 소비액', '발행 신문지의 숫자'와 같은 것들이 세세히 기록되었던 것이다.[25] 그러면 이제 영국, 프랑스, 독일 각 국가들에 대한 최초의 인상들과 인식은 어떠했는지를 구체적으로 살펴보도록 하자.

어렴풋이 상상해본 그들: 영길리와 불랑서

배를 집 삼아 떠도는 영국인들

다산의 글에는 '극서의 조그마한 섬나라' 영길리, 즉 영국에 대한 서술도 보인다. 『화한삼재도회』와 청의 장정부가 만든 『지구도』의 그림과 내용을 통해 다산이 추론하게 된 유럽과 영국은 어떠한 곳이었는지 살펴보자.

> 근래에 청나라 사람 장정부가 만든 지도를 보니 "영길리瑛咭唎는
> 조그마한 섬으로 극서의 서쪽 파니아把尼亞 해중에 있어 마치
> 일본이 큰 바다 가운데 있는 것같아 와란(네덜란드)이 아니다"
> 하였다.
> 그 풍속은 오로지 상업으로 본업을 삼아 사해를 주류하면서
> 배를 집으로 삼는다. 리미아利未亞(아프리카)의 여러 연안 및
> 남인도 남쪽 연안(온도사탄溫都斯坦)과 서남 여러 나라의 연안에서
> 혹시라도 버린 땅이나 공지를 얻게 되면 그곳을 점거하여
> 소굴을 삼고 그의 종족을 머물러 지키게 하였다. 그리하여
> 노략의 누명을 얻게 되고 천모賤侮의 호칭을 면치 못한다.[26]

19세기 초에 다산이 문헌과 지도를 통해 파악한 영국은 극서에서도 그 끝자락 에스파니아 바다(북대서양)에 있는 섬나라로 일본이 큰 바다 위에 있는 것 같은 형상을 하고 있다. 오직 상업을

본업으로 하여 사해를 두루 다니면서 아프리카, 남인도 등지에 진출했다. 이들 통상 개척지의 연안에 버린 땅이나 공지가 있으면 점거하고 자신의 종족에게 머물러 지키게 했다는 말은 곧 식민의 시작을 의미할 터인데, 다산은 유럽 나라의 식민지 경영에 대한 지식에까지는 미치지 못했을 것이다. 그들의 이런 행위가 "노략의 누명", "천모(천대하고 업신여김)의 호칭"을 얻게 된 배경이라고 했던 것은 단지 그것을 오랑캐의 짓거리 수준으로 받아들이고 있음을 보여주기 때문이다. 더구나 이들은 "배를 집으로 삼아" 집도 절도 없이 정처 없이 떠도는 부랑한 존재들이기까지 했다.

영국인들이 배를 집으로 삼아 떠돌아다닌다는 풍설은 앞서 나온 바 있는 연행록 『연원직지』의 부록 「영길리국 표선기」에도 등장한다. 이 기록은 홍주 불모도 뒷바다에 표류한 영국 배를 고대도 앞 항구에 정박시킨 뒤 뱃사람들을 취조한 내용을 담고 있다. 동방예의지국의 관리답게 홍주 목사와 수사가 통역을 통해 영국 뱃사람들에게 던진 첫 질문은 "험한 바다를 건너느라 괴로움을 겪었을 터인데 죽거나 병을 앓는 염려가 없는지", "식량은 떨어지지 않았는지" 하는 것이었다. 무단으로 남의 앞바다에 들어선 영국 오랑캐들을 취조해야 하는 임무를 맡은 충청 감사는 이들에게 꼬치꼬치 수많은 질문을 던지는데, 그 질문 가운데 "영국 사람들은 배를 집으로 삼아 사는가?" 하는 질문이 포함되어 있었다. 이에 대해 영국인은 "집에서 산다"고 이를 부정하고 있다. 영국인의 입을 통해 발설된 내용을 기록함으로써 그간 떠돌왔던 오해 하나가 풀린 셈이다.

50여 차례의 문답이 세세하게 기록되어 있는 「영길리국 표선기」를 들여다보면, 질문하는 이가 이들을 죄인으로서 취조한다기보다는 호기심의 대상으로서 접근하는 대목들이 적지 않게 발견된다. 즉 무슨 일로 어떻게 이곳에 도달했는지, 교역을 원한다면 어떤 물건을 요구하는지, 선원들은 모두 어떤 사람들인지, 배에 왜 병기가 실려 있는지를 묻다가도 이 요상하고 낯선 나라 자체에 대한 궁금증을 폭발시키고 있는 것이다. 여기에는 이양선을 조사할 때 으레 묻는 질문이라고 보기에 어려운 것들도 상당수 포함되어 있다. 조선 관원들은 영국에서는 어떤 곡식을 농사짓는지, 산이 많은지 물이 많은지, 수도의 이름은 무엇인지, 관원은 몇 명이나 되고 왕의 성씨는 무엇인지, 면적은 얼마나 되고 조선에서부터의 거리는 얼마나 되는지 등을 샅샅이 묻는다.

"무슨 곡식의 농사를 짓는가?"

"대미大米와 오곡의 농사를 짓습니다."

"영국은 산이 많은가 물이 많은가?"

"산이 많습니다."

"영국 서울을 무엇이라 하는가?"

"난돈蘭墩(런던)이라 합니다."

"영국은 면적이 몇 리나 되는가?"

"중국과 같습니다."

"난돈 성城은 얼마나 큰가?"

"75리입니다."

"문무 관원은 얼마나 되는가?"

"몇 백 명이나 됩니다."

"영국왕의 성姓은 무엇인가?"

"함즉咸即입니다."

"영국에서 북경까지는 몇 리나 되며, 우리나라까지는 몇 리나 되는가?"

"북경과의 거리는 약 7만 리인데, 수로 4만 리에 육로 3만 리이며, 귀국과의 거리는 수로로 7만 리입니다."

이러한 질문들은 이름만 들어본 영길리국 또는 대영국이라는 나라의 정체를 소상히 밝히기 위한 것들이지만 조선에서 더 큰 관심을 가졌던 문제는 따로 있었다. 바로 중국 바깥의 오랑캐로만 알고 있던 이들이 중국과는 어떠한 관계에 있는가 하는 점이었다.

"너희 나라에서도 대청大淸을 아는가?"

"북경 황제국이라고 합니다."

"해마다 서로 통상하며 또한 가져다 바치는 것이 있는가?"

"청나라 사람들이 우리나라에 오고 우리나라 사람들이 대청에 가 교역하는데, 두 나라가 고루 크고 세력이 같으므로 진공進貢하지 않습니다."

"군신의 분별이 없는가?"

"흠차(사신)가 우리나라에서 북경에 가도 계단 아래에서 고두례

를 행하지 않습니다."

청국과의 관계를 따지는 것은 청국이 천하의 중심이기 때문이고 이 나라의 위상을 따져봄으로써 우리나라와의 위상 역시 설정될 수 있기 때문이다. 따라서 영국이 청국에 조공을 바치는 것이 있는지, 청국과 군신의 분별이 있는지는 무엇보다 중요한 문제이다. 그런데 영국인들은 "영국의 면적은 중국과 같고", 자기 나라 사신이 청국에 가서도 머리를 조아려서 하는 절인 고두례를 행하지 않는다고 말한다. 영국과 청국 "두 나라가 고루 크고 세력이 같아" 대등한 관계임을 밝히고 있는 것이다. 이 기록에는 이러한 문답의 내용을 자세히 적은 뒤에 그들의 외양과 의복, 배의 모양과 그들이 쓰는 물건들을 그림을 그리듯 상세하게 적고 있다. 이에 따르면 그들이 직접 눈으로 확인한 영국인들의 모습은 "더러는 희어 분을 바른 것 같고, 더러는 검어 먹을 칠한 듯" 하며, "머리털을 완전히 깎기도 하고 혹 정수리를 깎아 버리고 뇌 위의 털을 조그맣게 한 가닥으로 땋아 드리웠다"고 한다.

그런데 이렇게 목사와 수사가 질문하고 받아온 내용들은 이들보다 더 높은 관직에 있으면서 조정에 보고(장계)할 책임이 있는 충청 감사가 보기에는 영 탐탁스럽지 않은 것이었다. 심상한 표류

선과는 사뭇 다른 의심이 드는데도 의당 물어야 할 것을 묻지 않고 보고하는 사연이 소홀하며, 더구나 수상한 배를 정박시킨 짓도 경솔한 데다가 그들이 바치는 예물을 조정의 하명도 없이 덥석 받아온 행위 역시 일의 근본을 해친다는 이유에서이다. 영국인들이 교역을 청하기 위해 가져와 건넨 예물의 목록에는 우단[大呢], 우모羽毛, 양포羊布, 천리경, 지리서 등이 포함되어 있었다. 충청 감사가 상급 관리로서 할 수 있었던 일은 수영 우후 김영수와 홍주 목사 이민회의 파출을 조정에 건의하는 것이었다.

불랑찰, 불란기, 불랑서, 기묘하고 야릇한 이름들

영국에 비해 프랑스는 그 국명과 존재가 조선에 훨씬 늦게 알려졌고 실체는커녕 국명조차도 분명하게 감지하기가 곤란했다. 이규경이 지은 방대한 백과사전적 저술인 『오주연문장전산고』에 나오는 다음과 같은 글을 보자. 다산이 인용했던 청나라 장정부의 『지구도』가 여기에도 등장한다.

장정부의 지구도를 상고해보면 "남극 아랫부분에 새로 남묵리가소지南墨利加少地(남아메리카) 등을 그리고 모두 제5대주라고 하였다. 일찍이 불랑서佛郞西 해군이 대랑산大浪山에서 멀리 바라보니 육지가 보이므로 찾아가 보니 오직 아득히 펼쳐진 벌판뿐이었다. 밤이 되자 하늘에는 성화星火가 가득하였고 대낮에는 사람이라고는 없고 단지

한 곳에 앵무새만 보이므로 이곳을 앵무지라 이름 붙였다 한다."
하였다.

이로 보아도 불랑서라는 나라가 과연 있기는 한 모양이다.
그러나 낭郎의 왼쪽 곁에 특별히 날 일日 자를 붙인 것이
이상하다. 날 일日자를 붙인 것은 아마도 입 구口 자의 착오가
아닌가 모르겠다. 이것은 영길국喫咭國을 영길英吉 두 자의 곁에
입 구口자를 붙여서 영길喫咭로 한 것과 같은 경우이다. 그러므로
이것도 낭서嘢西라 쓸 것을 착오로 낭서嘢西라고 썼거나
아니면 우리나라 사람들이 옮겨 쓰면서 잘못된 것이리라.
이제 그 문서를 살펴보니 한자로 썼고 또 문장도 익숙한
솜씨여서 중국에서 널리 쓰이는 공문과 유사한 점이 있으니,
저들 중에 반드시 한문과 한자를 익힌 자가 있을 것이다.

위 대목은 「척사교변증설」, 즉 사교인 천주교를 배척한 것과
관련한 내용의 일부분이다. '대불랑서국'이라는 나라에서 보냈다
는 거대한 선박이 1846년(헌종 12)에 전라도 외연도에 들어와서는
조정에 전달하라며 궤짝을 놓고 도망간 사건을 다루고 있다. 그
궤짝 안의 문서가 세상에 돌아다니는데, 전하는 바에 따르면 일
찍이 기해년(1839) 프랑스 선교사 세 명(샤스탕, 모방, 앵베르)이 조선
에서 처형당한 일을 엄중히 항의하는 내용을 담고 있었다는 것
이다. "다시 우리 국민을 학살하는 일이 있으면 귀 고려국은 반드
시 큰 재해를 면치 못하리라"고 했다는 내용이다. 그런데 불랑서

52

라는 나라의 정체가 모호하여 이를 장정부의 『지구도』에서[27] 살 피니 '불랑서'라는 이름을 가진 나라가 있기는 한 모양이라고 쓰 고 있다. 그리고 기해년으로부터 8년이나 지나 이렇게 찾아와 따 지는 것을 보니 그 나라는 뱃길로 몇 년이 걸려야 비로소 중국에 도달하는 먼 거리에 있음에 틀림없다고 덧붙인다.

현존하는 문헌에만 의존해야 했던 당대인들의 입장에서 불랑 서라는 나라는 의문투성이였던 모양이다. 이규경은 일찍이 여러 서적을 검토해봐도 '불랑서'라는 나라 이름은 보지 못했다고 의 아해했던 것이다.

> 『청일통지』와 『청삼통』·『명사』 등의 서적을 상고해 보아도
> 대불랑서국(大佛郞西國)은 없으니, 이 나라가 어느 지방에
> 있는지는 모르겠으나 그 나라가 대서양에 있다는 것은 알 수
> 있다. 『청일통지』와 『명사』에는 불랑기佛狼機라는 나라가 있는데
> 혹시 이 나라가 국호를 바꾼 것일지도 모른다.
> 『곤여외기』에 "불랑찰佛郞察은 구라파주 이서파니아以西把尼亞의
> 동북에 있다." 하고, 또 불람제아拂覽第亞라는 나라도 실려 있다.
> 『곤여도』에는 불란기佛蘭機라는 나라가 있으니, 요컨대 대서양과
> 구라파 중의 한 나라임에는 틀림없다. 후일 다시 상고해 보아야
> 할 것이다.

이규경은 '불랑서'라는 나라가 정확히 어느 지방에 있는지는

모르겠으나 대서양에 있으리라는 점, '불랑기(Frank의 음차, 포르투갈 등 서양을 지칭)'라는 국명은 본 적이 있는데 어쩌면 이 나라가 국호를 바꾼 것일지도 모른다는 점, 비슷한 국명으로 『곤여도』에 '불랑찰', '불람제아', '불랑기'가 보이니 아마 '불랑서'는 대서양과 구라파 중 한 나라임에 틀림없으리라는 추론을 내놓고 있다. 'France'가 한자어로 음차 표기되면서 나타난 여러 형태의 명칭들이 혼란을 가중시켰던 것이지만, 대서양과 구라파 중 한 나라일 것이라는 이규경의 통찰은 정확한 것이었다.

앞서 기해년 옥사(1839) 이후 1846년 항의 서한을 전달하러 조선에 왔다 간 뒤 1년여 만인 1847년 프랑스는 다시 훨씬 큰 규모의 선박들을 보내와서 이전에 보낸 서한의 답서를 요구한다. 그리고 본격적으로 육지에 들어와 막사를 치고 무기와 화약을 제작하며 무언의 시위를 시작한다. 이 글에서는 이러한 프랑스인들의 움직임이 "장차 난을 일으킬 조짐"이라며 이들이 위협적인 존재가 되리라는 것을 명시했다. 그리고 이는 20년 뒤 1866년(고종 3) 병인양요로 현실화되고 말았다.

위 이규경의 글 가운데에 호남 감사가 조정에 올린 보고서(장계)에 담긴 프랑스 선원들과의 문답이 옮겨져 있다. 다음은 그 문답의 일부이다.

"원수元帥는 지금 어디에 있는가?"
"지금 광동에 있다."

"광동은 여기서 몇 리나 되는가?"

"수로로 3천 리이다."

"당신네 나라는 이곳에서 몇 리나 되는가?"

"이곳에서 수로로 2만 리이다."

그 배에 실은 것은 모두 대포와 화약·연환이었고, 기타
비단과 잡화가 가득하였으나 배 밑에 깊이 감춰두고 보지
못하게 하였다.

"배 안에는 몇 명이 있는가?"

"7백 명이 있다."

하였는데, 그 기세가 매우 사나웠으며, 사람들은 푸른 눈동자에
머리는 노란색이었고 의관은 이상하고 야릇하였다.[28]

이 문답은 앞서 십여 년 전인 1832년에 있었던 영국 선원들
과의 문답과 비교할 때 확연히 다른 분위기를 자아낸다. 1847년
이면 이미 중국이 제1차 아편전쟁에서 패하고 5개 항을 개항한
뒤였기 때문이다. 앞서 영국의 상인들은 환심을 사기 위해 값진
물건들을 내놓으며 조선의 왕에게 통상을 청하는 문서를 전달하
고자 했다. 그런데 이미 개항장인 광동 지방에 진을 치고 있던 프
랑스인들은 거침없는 기세로 호남 지방의 육지에까지 상륙하여
막사까지 치고 들어왔던 것이다. 또한 조선에서 프랑스까지의 거
리를 묻는 말에 "2만 리"라고 답했다는 것이 앞선 기록들과 크게
차이가 있다. 아마도 이는 프랑스에서 이미 18세기 말인 1791년

에 세계 최초로 미터법이 만들어졌으므로[29] 2만 킬로미터를 뜻하는 것으로 보이며 이를 번역 과정에서 '리'로 그대로 적은 듯하다.

이 글에서도 어김없이 조선인들이 직접 목격한 프랑스인들의 외양이 묘사되어 있다. 앞서 흑백의 여러 인종들이 섞여 있었던 영국인들과는 사뭇 다르게 이들은 "푸른 눈동자에 머리는 노란색이었고, 의관은 이상하고 야릇하였다"고 기술되었다. 당시 조선인들이 유럽 각국의 사람들을 실제로 만나기 전까지 그들의 외양을 짐작할 수 있는 방법은 그림과 글로 된 묘사가 전부였을 것이다.

「이역죽지사」가 그린 영길리와 법란서

일찍이 서역 각 지방 사람들의 외양을 묘사한 흥미로운 그림으로 1763년(청나라 건륭 28) 총 아홉 권으로 완성된 『황청직공도』라는 것이 있다. 19세기 전반과 후반 헌종에서 고종 대까지 활동한 문신 이유원이 지은 『임하필기』(1871) 중 「이역죽지사」라는 글이 이 그림을 보고 지은 것으로 알려져 있다. 여기에서 세계 각국 사람들의 모습을 7언 절구 안에 간략하게 표현하고 있어 흥미롭다. 영국, 프랑스, 네덜란드 등 유럽 여러 나라들을 그린 18세기의 그림이 19세기 말에 글로써 어떻게 옮겨지고 있는지 살펴보자.

영길리국
중군에다가 잡색의 다라융을 입고 / 重裙雜色哆囉絨

금루합에 비연을 담아 가지고 다니네 / 壺貯鼻煙金縷中
시집가지 않은 여자 허리 가늘게 하려고 / 未嫁女兒腰欲細
평소 허리를 꽁꽁 묶는 일 이골이 났네 / 生來裝束夙成工

'중군'은 옷(치마)을 여러 겹 겹쳐 입은 것을 뜻하고 '잡색의 다
라융'은 무늬를 넣은 혼직(프랑스어 droguet의 음차)을 말한다. 비연
(코로 흡입하는 담배)을 패용하고 다니는 것이나 가늘게 허리를 졸라
맨 여인들의 모습 등 영국인들의 외양을 표현하고 있다.

법란서국法蘭西國
불랑서는 바로 불랑기인데 / 佛郎西卽佛郎機
미락을 중분하고 여송을 차지했네 / 美洛中分呂宋歸
홍모인과 합세하여 민과 월을 지배하고 / 合勢紅毛閩粤擅
영길리와 패권 다투다 근자엔 쇠미하네 / 爭雄英吉近衰微

앞서 이규경의 글에서처럼 여기서도 프랑스를 지칭하는 명
칭은 하나가 아니다. 단 불랑서, 불랑기, 법란서가 하나의 나라라
는 인식은 확실히 드러난다. 19세기 전반기에 활동했던 추사 김
정희도 「곤여도지」를 거론하면서 '불랑'이란 칭호가 한둘이 아니
어서 "불랑찰이니 부랑제富朗濟니 하는 등의 잡호雜號가 일정하지
않다"며 영국과는 분명히 다른 나라임을 명시한다.[30] 이를 보면
19세기 들어서면서 점차 서양 여러 나라들을 분별해서 이해하기

시작했음을 알 수 있다.

「이역죽지사」에서는 프랑스인들의 외양을 묘사하기보다 식민지 침략 사실을 나열하고 있다는 점이 이채롭다. 아메리카(미락)를 분할 점령한 일, 필리핀(여송)을 차지한 일, 네덜란드인(홍모인)들과 함께 복건(민), 광동(월) 지방을 지배한 일 등이다. 19세기에 아시아에 진출한 영국과의 세력 싸움에서 밀리고 있는 형국도 추가되어 있다. 제국주의의 역사에서 18~19세기는 분명 프랑스와 영국의 시대였고, 아메리카, 아프리카, 남아시아, 동아시아에서 이들은 계속해서 충돌했다.[31] 중세 말에 있었던 백년전쟁 이래로 두 나라의 앙숙 관계는 유럽 역사의 한 축을 이루어왔는데, 18세기 이후 이들이 모두 해외에 본격적으로 진출하면서 그러한 충돌과 대립의 역사가 재연되기 시작한 것이다.

이유원의 위 글들은 이미 영국과 프랑스 등 서양 각국에 대한 정보가 한문(한역) 서학서 등을 통해 꽤 축적되어 있었던 19세기 후반에 나온 것들이다. 따라서 이들을 막연히 오랑캐로 치부하기보다는 비교적 객관적으로 상대를 묘사하거나 서술하기 시작했다고 볼 수 있다. 19세기 말에 접어들어 유럽의 국가들을 기술하는 방식은 앞서 구라파를 기술하는 방식과 궤를 같이한다. 다시 말하면 새로이 발견된 유럽과 유럽인들은 더 이상 오랑캐일 수도 야만인일 수도 없는 세계의 대세이자 중심이 된 것이다. 이러한 사고의 전환 혹은 시각의 개조는 점진적이었다기보다는 당황스러우리만치 갑작스러운 면이 있다. 말하자면 이를 세계 인식의 패러다임이 근본적으로 변화했다는 말로도 표현할 수 있을 것이다. 이는 유럽 국가들 및 미국과 공식적으로 통상조약을 맺게 되는 1880년대에 《한성순보》(1883~1884)에서 영국과 미국, 프랑스, 독일에 대해 기술한 대목을 보면 확연히 알 수 있다. 다음은 《한성순보》에 수록된 「영국지략」, 「미국지략」, 「법국지략」, 「덕국지략」의 일부이다.[32]

영국: 기계의 정교함과 상인들의 부지런함은 세계의 제일이며, 포함砲艦의 견고함과 훈련이 잘된 군대는 만국의 으뜸이니, 가위 전성全盛의 나라이며 명성을 떨치는 나라라 하겠다. 그러나 영국은 역사가 짧아서 황폐하던 시대가 엊그제 같은데도 이처럼 발전하였으니, 무엇이 그렇게 했는지 마땅히 탐구해 볼 일이다. (6호)

미국: 서방 인근의 국가들보다 유독 부강하였기 때문에 한역하는 사람들은 그냥 미국米國이라고도 불렀다. 이는 곧 아미리가亞米利加의 략칭이고 지금은 미美 자로 대신하지만 본국 정부가 개정한 호칭은 아니다. (…) 이 나라가 건국하고 도읍을 정한지 겨우 100년을 지났는데, 세계에서 가장 부강하게 된 것은, 실로 운수의 편의를 얻고 이익될 만한 것은 조금도 빠뜨리지 않았기 때문이다. (12호)

프랑스(법국): 만일 외국과 분쟁이 생기면 그 허다한 당들이 모두 한마음이 되어 두 가지 마음을 품지 않는다. 그 때문에 현재 정권을 잡고 있는 자는 항상 외국에서 군사를 일으켜 민심을 하나로 통일시키려 한다. 그래서 마달가사가馬達加斯加(마다가스카르) 및 안남安南(베트남) 등의 나라에서 오늘도 전쟁을 하고 있는 것이다. (15호)

독일(덕국): 도는 비록 각 연방마다 두고 있지만 프러시아(프로이센의 영어식 국명) 수도 백림부伯林府(베를린)가 으뜸이거니와 전국의 정무도 모두 이곳에서 결정되는 셈이고 이곳의 인구를 계산해보면 1백12만 2천3백60명이나 되고 유럽의 4대 도시 중 제3에 해당된다. 서양인들이 항상 말하기를 영국의 서울 룬돈倫敦(런던)은 천하에서 상업의 중심이고 프랑스의 서울 파리巴里는 천하에서 교제의 중심지이고 베를린은 천하 학술의 중심지라고들 하는 것은 대개 각국의 석학과 홍유(이름난 유학자)들이 모두 여기에 모여서 시무를 강토하고 있기 때문이다. (19호)

각 나라들에 대한 서술 태도는 비교적 객관적이지만 기술 내용을 통해 볼 때 온도 차가 감지된다. 우선 영국은 그 발전성과 명성이 세계의 제일, 만국의 으뜸인 나라로 탐구할 가치 역시 으뜸인 대상이다. 미국이 백 년의 짧은 역사에도 세계에서 가장 부강한 나라가 된 것은 그들이 이익에 유달리 밝았기 때문이다. 반면 프랑스는 내치를 안정시키고 민심을 통일시키기 위한 수단으로 전쟁을 일으키는 데 능란한 나라이다. 또 서양인들의 입을 빌려 '런던은 상업의 중심, 파리는 교제의 중심, 베를린은 학술의 중심'이라고 정리하고 있는데, 이는 이후에 이 세 나라에 대한 이미지와 인식이 형성되는 데 지배적이고 핵심적인 공식으로 자리 잡게 된다.

2장

제국주의와 식민지의 시대, 《한성순보》가 포착한 유럽

중국의 개항과 대세의 이동

대항해시대의 거대한 물결을 처음 만든 건 15~16세기 스페인과 포르투갈이었고 그 아성을 가로챈 것은 17세기의 네덜란드였지만, 거대한 물결을 자기 쪽으로 확실히 끌어당겨 아프리카와 아시아 신개지 개척에 선봉을 쥔 것은 18~19세기 영국과 프랑스였다. 조선은 본격적으로 또 경쟁적으로 아시아 진출에 열을 올리던 영국, 프랑스의 잦은 통상 요구에도 완강히 버텨왔는데 반해, 청은 이미 1842년의 개항(난징조약)이 있기 훨씬 이전부터 여러 나라들과 통상 무역 관계를 유지해오고 있었다. 조선에 정박하거나 표류한 많은 이양선들은 중국을 거쳐 가는 길목에서 잠시 들르거나 조류에 따라 흘러들어 왔다는 변명을 주로 내놓곤 했는데, 그들이 조선 바다에 자주 출몰한 잇속은 분명했다. 통상을 요청하는 자국 국왕의 서신과 함께 배에 실어 온 온갖 낯선 박래품들을 앞세워 이 땅에 상륙하기를 희망했던 것이다.

조선은 전래로 아무런 교류가 없던 낯선 나라들과의 직접적인 정식 통상을 줄곧 거부했지만, 17세기 초부터 청나라를 통해 한역 서학서와 서양 문물을 수입하는 데에는 적극적이었다. 물론 수집하고 축적하는 것과 이를 연구하고 소화하여 확산시키는 것은 완전히 다른 문제이다. 무엇보다 문제는 성리학의 전통과 법도를 근본적으로 해하는 사악한 종교가 백성들 사이를 어지럽히고 있다는 인식이 고조되어갔다는 것이다. 이는 유학이 그만큼 '정학正學으로서의 밝음'을 잃어가고 있다는 문제의식과 맞닿아 있다. 정조는 '사학을 배척하는 교서'(『홍재전서』)에서 "과거 수백 년 동안 서학서가 전래되었고 많은 박식한 선비들이 이를 논평하였으나 큰 영향이 없었던 데 반해, 지금은 그 폐해가 사설邪說이나 맹수보다 심하다"고 근심하며, "이 폐단을 바로잡는 길은 더욱 정학을 밝히는 길밖에 없다"고 하였다. 정조는 이 교서의 마지막을 "이처럼 교시한 뒤에도 다시 서학으로 문제가 생긴다면 어찌 정부가 존재한다고 말할 수 있겠는가"라는 말로 맺고 있다.

정조 사후 1801년 천주교도 100여 명을 처형한 신유옥사를 통해 천주교에 대한 조선의 입장을 확실히 보여주었지만 선교사들의 포교를 향한 여정은 끊이지 않았다. 1836년 프랑스 파리

외방선교회 선교사들이 조선 땅에 들어오면서 적극적인 포교와 한글 서학서 보급에 열을 올리기 시작했던 것이다. 이에 또다시 1839년 기해옥사로 대대적인 천주교 박해가 이어졌지만 이미 그 기세를 완전히 꺾을 수는 없었다.

조선왕조의 입장에서 보면 19세기 전반기인 순조와 헌종 연간은 안에서 번지는 천주교와 밖에서 들쑤시는 이양선들로 골머리를 앓은 시기이면서 천주교를 매개로 서양 국가들과 갈등을 키우기 시작한 시기라고 할 수 있다. 이때 들어온 프랑스 선교사들이 1839년에 처형되고 1846년에는 신부 김대건이 체포되는 등 일련의 일들이 벌어지는데, 이에 굴하지 않은 선교사들이 1860년대 다시 입국하여 한글로 번역한 서학 서적을 대량으로 간행하기 시작하면서 다시 박해와 갈등이 이어진다.[1]

바로 그 무렵, 천하의 중심이었던 중국, 즉 아시아의 허다한 국가들을 조공국으로 삼아 군림해오던 청나라는, 아편을 둘러싼 갈등 끝에 영국과 잇따른 전쟁에서 패하면서 만국공법(국제법) 체제의 한 국가로 그 위상이 떨어지게 된다. 19세기 말 서양 열강을 중심으로 세계가 재편되는 와중에 적어도 형식적으로는 모든 국가들이 대등한 국제법상 지위를 가지며 상호주의의 이름 아래 계약 관계를 형성하게 되는 것이다. 조선을 비롯한 아시아의 국가들로서는 영원한 맹주였던 중국의 몰락이 가져온 충격을 해소하고 새로운 질서에 적응해야만 하는 처지에 놓이게 된 것이기도 하다.

그렇다면 19세기 중반을 지나던 시기 영국에 뼈아픈 일격을 당하고 흔들리던 청나라의 사정은 조선에서 어떻게 받아들여졌을까? 이전 시대에도 그랬듯이 중국에서 정보를 입수하는 가장 대표적인 방법은 사신을 통한 것이었다. 중국을 통해 들어온 대부분의 이역 문물이 그러했던 것처럼 학문 동정이나 생활 풍토에 대한 정보 그리고 각종 풍문은 역시 사신들의 입이나 기록을 통해 전해졌다. 청이나 조선 모두 안팎으로 소란스럽고 어지러웠던 19세기 초중반에도 연행사들의 북경 행차는 계속 이어졌다. 이들은 황제의 생일이나 신년 하례식에 참석하거나 청 황실에 특별한 예식이 있을 때 참석하는 임무를 주로 맡았는데, 아편전쟁이라는 엄청난 사건과 영국의 위세를 누구보다 먼저 조선에 전한 것도 이들이었다.[2]

급변하는 세계정세를 피부로 감지한 이들이었지만 세계에 대한 이들의 인식 변화와 대응은 대체로 더딘 편이었다. 1830~1840년대 사행에 오른 정통 사대부 한학 지식인들에게 청나라는 '고증학이라는 기괴한 학설이 유행'하고 사교의 성행을 통제하지 못하는, 안으로 곪고 있는 나라로 비치기 일쑤였다. 1803년과 1831년 두 차례 연행을 다녀오고 헌종 대에 좌의정에도 오른 유학자 홍석주도, 서장관(사신을 수행하는 기록관)으로 1840년 북경에 다녀온 이정리도 그리고 개화파의 비조로 꼽히는 박규수도 동양 문화와 동도東道의 우월함을 의심하지 않았고 충분히 서양에 맞설 수 있다고 믿었다.[3] 청나라에 의해 무너진 명의 정통성을 배면에 깔고 있는 존명사상을 버리지 않고 있던 이들로서는 청의 위기를 조선의 위기로 동일시하고 싶지 않았는지도 모른다. 1840년대 1차 아편전쟁이 일어난 이후에도 극소수의 조선인들 외에는 이를 대수롭지 않게 여겼던 것이 사실이다. 그나마 순망치한의 위기의식이 싹트기 시작한 것은 1860년대 제2차 아편전쟁 이후의 일이었다.[4] 첫 번째 아편전쟁을 저 건너편에서 구경하던 일본에서 오히려 서구 열강에 대한 위기의식과 공포감이 극대화되면서 무조건적인 쇄국론이 잦아들었던 것과는 상당한 온도 차가 존재했던 것이다.

청의 개항과 아편전쟁을 당시 조선의 조정에서는 어떻게 받아들였을까. 이에 대한 기록이 고종 13년(1876) 9월 24일 『승정원일기』에 보인다. 이때는 일본과 강화도조약을 맺은 지 7개월 정도 지난 시점이다. 당시 공조판서 한돈원과 임한수, 민종묵이 6세의 나이에 막 황제에 오른 광서제의 즉위를 축하하기 위한 진하사 겸 사은사로 중국 북경에 다녀온 것이다. 고종은 청의 어린 황제에 대해 여러 가지를 묻고 나서 청과 서양인들과의 관계, 철로의 부설 소식, 통상조약 문제 등 중국의 요즘 상황에 대해 사신들과 문답을 나눈다. 그 한 대목은 이러하다.

"요사이에는 서양 사람들이 제멋대로 방자하게 행동하는
페단이 전에 비하여 어떠하던가? 혹시 더욱 심해지지는 않았는가?"
하니, 한돈원이 아뢰기를,

"서양 사람들이 제멋대로 방자하게 행동하는 것이 전에 비해
더하다고 합니다."
하자, 상(임금)이 이르기를,
"서양 사람들이 강하고 사나워 이를 두려워하니 감히 누구냐고
신분을 밝히도록 묻지 못하므로 전에 비해 더욱 치성할 것이다."
하니, 민종묵이 아뢰기를,
"막지는 못하고 고식적으로 안정시키는 것을 위주로 하니
서양 사람의 탐욕이 자연 점차 치성해진다고 합니다."
하였다.

고종은 서양인들의 방자한 행동이 더 심해지지 않았는가를
묻고, 이를 현지에서 보고 들었을 사신들은 서양인들의 방자함과
탐욕이 날로 커지고 있음을 고한다. 조선은 아직 서양 국가들과
통상을 개시하기 이전이지만, 고종은 조선 역시 그날이 머지않았
음을 직감했는지도 모른다. 이어서 청과 영국의 통상조약에 대한
고종의 구체적인 질문들이 이어진다.

상이 이르기를,
"운남에서 통상을 하고 광동과 향항(홍콩)에 병정들을
체류시키는 것은 무엇하러 하는 일이라고 하던가?"
하니, 민종묵이 아뢰기를,
"운남의 일은 맞닿은 경계를 조사하여 그 통상을 허락한 것이고,

광동의 일은 서양 사람들이 배를 두고 향항 등지를 순찰하며
병정을 체류시킨 것으로 모두 다 이홍장과 위타마(토마스 웨이드)가
협의하여 약조한 단서라고 합니다." 하였다.

상이 이르기를,

"칠처 정박七處停泊과 오구 통상五口通商은 무엇을 말하는 것인가?"
하니, 민종묵이 아뢰기를,

"정박은 바로 서양 배가 도처에 입항하여 정박하는 것을 말하고,
오구 통상은 바로 각 바다 어귀마다 교통하고 무역하는 일입니다.
이러한 말은 문서나 장부에서 나온 것이 아니니 다섯 어귀와
일곱 곳이 어느 성省이고 어느 땅인지 자세히 알 수는 없습니다.
그러니 이 또한 조약 가운데에서 운운한 것입니다."
하자, 상이 이르기를,

"일이 있을 때마다 회동하여 만나고 특별히 우대하는 예로
세금을 감한다는 등의 말은 무엇을 말하는 것인가?"
하니, 민종묵이 아뢰기를,

"서양 사람들이 중국에 대하여 지방과 중앙 관청을 막론하고
일이 있는 대로 회동하여 만나 협의하되, 예절에 있어서는
우대하는 규례를 더하여 보태고, 서양 약물에 있어서는 세금을
감면하라는 요청이 있었다고 합니다."

이 문답에서 고종은 청의 개항과 통상조약 체결 이후의 사태
에 매우 큰 관심을 보이고 있는데, 그에 관한 구체적인 사실들 특

히 내용과 절차 및 규칙에서는 깜깜한 상태임을 알 수 있다. 청은 1차 아편전쟁 뒤 난징조약(1842)과 그 후속 조약인 오구통상장정(1843)에 의하여 상해, 광주, 복주, 하문, 영파 등 다섯 개 항구를 통상항으로 개방했고 2차 아편전쟁 뒤 베이징조약(1860)으로 10개의 항구를 더 열게 된 터였다. 그런데 심지어 사신 민종묵조차도 개항한 다섯 군데의 항구가 어디인지는 물론이고 청과 영국 사이의 관세 협정이나 군함의 정박 문제 등 대부분을 "자세히 알 수 없다"고 말하고 있는 것이다.

이 문답이 오가던 때가 청이 불평등 조약을 맺고 개항을 한 뒤로도 상당한 시간이 지난 시점이라는 점을 생각해보면, 서양과 청의 관계에 대한 이러한 뒤늦은 관심은 비현실적으로까지 보이는 면이 있다. 직접 접촉은 요원했다 하더라도 연행사와 통신사가 청과 일본을 부지런히 오가며 새로운 세계에 대한 정보를 수집해온 것을 생각하면 더욱 그러하다. 그런데 이를 조선의 외교 사절들이 정보를 수집하는 데 무능했다는 말로 치부해버릴 것은 아니다. 고래로 중국에서는 중요한 고급 정보들을 꽁꽁 숨기고 쉽사리 공개하지 않았기 때문이다. 더구나 청의 위상이 예전과 같지 않을뿐더러 땅에 떨어지고 있다는 점을 주변 속방들의 정보망에 쉽게 노출되도록 하지 않았으리라는 것은 불 보듯 뻔하다.

담헌 홍대용이 "각각 제 나라 사람을 친하고 제 임금을 높이며 제 나라를 지키고 제 풍속을 좋게 여기는 것은 중국이나 오랑캐가 한가지"[5]라고 하여 엄격한 중국 중심 화이관에 균열을 내고자 했던 것은 18세기 후반의 일이었다. 그러나 백 년이 지난 19세기 후반 개항 이후에도 조선의 유학자들 가운데는 분명 화이, 즉 중화와 오랑캐라는 패러다임이나 유학의 전통 질서를 쉽게 포기하지 못하는 이들이 대부분이었다. 이는 지금의 관점에서는 시대착오적으로 보이기도 하나, 당시의 관점에서 보면 그렇게만 말할 수 없는 부분이 많다. 명나라가 멸망하고 오랑캐들이 세운 청나라가 들어선 17세기 이후에 이미 중화의 헤게모니는 전과 같지 않았는데, 그럼에도 여전히 천하의 중심은 그곳에 건재했던 것이다. 대신 청의 중체서용과 마찬가지로 동도서기東道西器, 즉 도덕과 윤리는 동쪽에, 과학기술은 서쪽에 의거하는, 동서가 양립 가능한 미래를 모색하고자 하는 움직임들은 활발해졌다. 영국이든 프랑스든 무도한 오랑캐는 오랑캐지만 배울 것은 배워야 한다는 것이다. 특히 '개신유학자'로 불리게 된 구한말의 많은 지식인들은 유교를 보편 문명으로 끌어올리고 이를 토대로 서양 문명을 수용할 것을 주장하며 신문 발간 등을 통해 구한말의 담론 질서를 주도하고자 했다.[6] 즉 이들은 정통 성리학을 고집하는 데에서 벗어나 새로운 시대적 조건과 환경에 맞는 유학을 모색하고 또 실천하고자 했던 것이다. 조선인들이 외부에서 밀려오는 거센 파도에 그저 떠밀려가기만 했던 것은 아니다.

　조선은 새로운 천하의 대세가 된 유럽의 국가들과 우호적인 관계를 맺는 일이 필연적이 되어버린 상황에서 1882년부터 차례로 통상조약을 체결하고, 제국주의의 질서 안에 본격적으로 진입한다. 조선이 서양과 맺은 최초의 조약은 조미수호통상조약(1882)이었고,* 그 뒤로 영국(1883), 독일(1883), 이탈리아(1884), 러시아(1884), 프랑스(1886), 오스트리아(1892) 등 유럽 여러 나라들과 차례로 조약을 체결하였다. 이제 지금껏 서양 오랑캐라고 배척하기만 했던 서양 국가들에 대해 제대로 알아야 한다는 것, 그들을 제대로 배워야 그들처럼 부강해지고 '문명해진다'는 절체절명의 과제가 부상하기 시작했다. 고종의 말처럼 "세계의 대세는 이전과는 현격하게 달라"졌고, 이 대세에 따라야만 애써 붙잡은 독립국의 지위를 잃지 않을 수 있었다.

개항과 통상조약 체결 이후 세계 여러 나라들과의 교섭과 소통은 불가피하며 필연적인 일이 되었다. 그리고 이제 정보의 불균형 또는 일방통행은 변화한 세계질서 속에서 새로운 위상을 정립해 나아가야 했던 조선으로서도 해소해야 할 시급한 과제가 된다. 우선 시세, 즉 세상의 변화와 관련한 중요하고 시급한 정보들을 수집하여 조선 내부에서 유통시키고 소화하기 위한 가장 좋은 방법은 무엇이었을까? 1883년 우리나라 최초의 근대 신문이라 일컬어지는《한성순보》가 정부 주도로 창간된 것은 바로 이

●

조선 최초의 근대적 조약이자 불평등 조약인 강화도조약(병자수호조약, 조일수호조약)은 1876년 일본에 의해 체결되었고, 이때부터 조선은 본격적인 개항과 개방의 시대로 접어들게 된다. 미국에 의한 일본의 개항은 이보다 약 20여 년 앞선다(1854).

러한 시절과 문제의식으로부터 시작되었다.

세계 속으로 들어간 조선 그리고 《한성순보》의 탄생

유럽과 세계에 대한 지식은 수백 년 동안 중국으로부터 전래된 서학서나 지리지, 천주교 선교사들의 저작들을 통해 간접적으로 그것도 꽤 지체되어 우리 땅에 뿌려졌다. 간접적으로 중개된 지식들이긴 했지만 유럽에 대한 우리의 앎이 쌓이고 서양에 대한 입장을 정리해 나가는 데 기여했음은 물론이다. 그런데 이제 완전히 다른 상황이 펼쳐졌다. 더욱 빠르게 그리고 정확하게 당대의 지식들이 소개되고 정리될 필요가 생겼다. 그리고 중국과 일본은 이미 조선보다 수십 년 더 이른 시기부터 그러한 작업들을 해오고 있었다. 대표적인 작업이 바로 근대적인 의미의 신문, 즉 '뉴스페이퍼'를 발간하는 일이었다. 중국에서는 개항장인 상해와 홍콩을 중심으로 신문이라는 근대 정보 매체가 1850년대부터 등장했다. 1860년대부터는 영자신문과 중문신문이 함께 발행되어 경쟁구도를 형성하기도 했다. 일본도 1860년대 말부터 동경을 비롯해 각 지방마다 신문들이 활발하게 나오기 시작한다.

1883년 10월 31일(음력 10월 1일) 《한성순보》 창간호가 세상에 나왔다. 당시 중국과 일본 대부분의 신문들이 한 장의 종이에 전체 지면을 인쇄하여 여러 번 접는 방식인 전장 신문지 형식이었던 것과 달리, 조선에서는 아직 근대식 인쇄 조판 기술이 도입되지 않았던 터라 일반적인 서책 형태로 제작되었다. 1884년 10월 9일까지 1년 남짓 발행된 이 서책 형태의 신문 또는 잡지[7] 앞부분에는 왕실 조정의 소식과 인사, 정책 결정 사항들을 담은 관보인 '조보朝報'가 배치되고 나머지 분량에는 각종 외신 기사들을 순서대로 배열한 '각국근사'로 채워졌다. 그러다가 5호부터

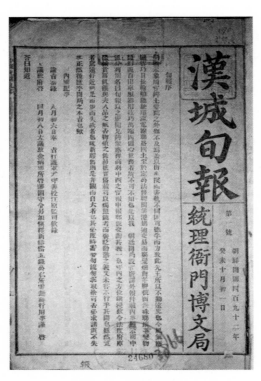

《한성순보》 창간호(국립중앙도서관)

이 둘 어디에도 속하기 어렵다고 판단되는 중요한 국내 기사들을 따로 '국내사보'라는 항목으로 두기 시작하면서 조보 - 국내사보 - 각국근사로 삼분된 지면 체재가 폐간 때까지 이어진다. 이외에도 종종 과학과 인문지리 정보들, 즉 지리와 천문에 대한 설명문에서부터 시작해 세계의 각 대륙에 대한 역사 문화 지식, 최신 서양 과학 지식을 많은 지면을 할애하여 수록했다. 국내에서 생산된 기사가 매호 제일 첫머리에 등장하기는 하지만 창간사인 「순보서」에 '외보를 폭넓게 번역하고 아울러 내사까지 기재[廣譯外報幷載內事]한다'는 취지대로,《한성순보》가 나라 바깥으로 훨씬 더 많이 시선을 돌리고 있고 전통보다는 새로움을 향해 열려 있었던 것은 분명하다. 실제로 '각국근사'에 해당하는 외신 기사의 비중이 전체 지면의 70~80퍼센트를 차지하는 것을 보면《한성순보》는 외신의 비중이 훨씬 높은 외신 전문 매체라고 해도 과언이 아니다.

《한성순보》는 바로 인근의 주변 국가들, 즉 중국과 일본에서 새로운 지식과 정보를 소개하고 전파하는 핵심적인 수단으로 일찌감치 자리잡은 '신문newspaper'들을 모델로 한 것으로 이해된다. 애초에 수신사로 일본에 다녀온 박영효가 박문국이라는 발행기관의 설치를 건의하고 고종의 유지를 받들어 유길준을 책임자로 근대적인 신문을 발간하려고 기획했던 것이《한성순보》 탄생의 첫 배경이었다.

보통《한성순보》의 발간 경위는 이렇게 설명된다. 박영효가 국왕 고종에게 건의해 한성부 주관으로 박문국을 설치하고 유길준을 책임자로 신문 발간을 추진한다. 그런데 박영효가 광주(경기도)로 좌천되면서 이러한 기획은 좌절되고 후에 오늘날의 외교부에 해당하는 통리교섭통상사무아문 산하에 교육 기관 겸 서적 간행 기관인 동문학을 설치하고 그 아래 박문국을 두어 신문을 발간하게 된다.[8] 운양 김윤식의 사촌 형인 한학자 김만식의 책임 아래 김인식을 주사로 하여, 9월 7일에 실무사사로서 장박, 오용목, 김기준 등이 편집진으로 임명되었으니,[9] 두 달 남짓한 짧은 기간 안에 신문 발간을 성공시킨 것이다.

그런데 당시 조선의 인적·물질적 조건으로 근대적 형태의 신문을 발간하기에는 역부족이었다. 우리는 흔히 이 정기간행 매체를 '최초의 근대 신문'으로 칭하지만 사실 그러한 이름표를 붙이기에는 많은 한계를 안고 있다. 우선 순한문으로 만들어졌다는 점은 독자를 사대부, 관원, 한문 식자층으로 제한해버린다. 유길준이 쓴 「한성부신문국장정」, 「신문창간사」 등에 따르면 애초에 후쿠자와 유키치가 창간한 일본의 《시사신보》를 모델로 하여 국한문 혼용으로 신문을 발간하고자 계획한 것으로 알려져 있다. 신문이 정보 확산과 계몽의 매체이기 위해서는 우선 한문을 탈피하여 독자층의 확대를 시도하는 것이 필수적이었기 때문이다. 그러나 결국 순한문 발간으로 방향이 잡힌 것은 박영효, 유길준 등이 기획에서 이탈하고 발간 주체가 김만식, 김인식 등 전통 한학자들로 바뀐 것이 주요한 이유일 터이다.

또 열흘에 한번 발간하는 '순보'의 발행주기는 아무리 최초의 신문이라지만 신문치고는 길다고밖에는 할 수 없다. 조선시대 승정원에서 만들어 배포한 《조보》가 5~10일치 기사를 모아 전국 각지에 배달되었던 것처럼[10], 이 역시 여러 날의 기사를 최대한 수합해서 제공하는 매체였던 것이다. 게다가 실제로 기사 내용을 들여다보면 발행주기 이상의 문제도 발견된다. 기사의 내용이 되는 사건이 발생한 시간이나 인용한 외국 신문의 발행 시간과 대조해보면, 《한성순보》에 게재되는 기사와 원자료와의 시간적인 격차는 발간되는 기간 내내 평균 한두 달을 훌쩍 넘는다.[11] 신문의 속성 또는 근대성을 논할 때 어디에 방점을 찍느냐에 따라 여러 입장이 있겠지만, 적어도 신문, 즉 새로운 소식통이 가지는 속보성이나 시의성이라는 측면에서 보면 《한성순보》를 오롯이 신문으로 부르기엔 무리인 것이다. 물론 당시에 조선으로서는 국제적인 우편 통신 수단이 충분히 확보되지 못했다는 물리적 한계가 있기는 했다. 갑오개혁 이후 통신국과 우체사가 설치되고(1895) 만국우편조약에 가입한(1897) 뒤에도 일본 – 조선 – 청국 사이 우편선의 소요 시일은 최단 6일에서 10일이 걸렸던 것으로 전해진다.[12]

무엇보다 근대 신문의 필수 요소 가운데 첫손에 꼽히는 것은 곧 논설의 기능인데, 《한성순보》에는 이 부분이 거의 없거나 매우 취약했다. 1890년대 이후 생겨난 《독립신문》, 《대한매일신보》, 《황성신문》, 《제국신문》 등 근대 신문들이 논설의 기능과 독자와의 피드백을 신문 발간의 가장 중요한 목적으로 두면서 언론의 형태를 갖추었던 것과 비교해보면 한발 앞서 태어난 《한성순보》는 이와는 사뭇 다른 종류의 매체였던 것이다. 이렇게 《한성순보》가 근대적인 매체냐, 신문이냐 잡지냐 하는 문제는 여전히 논의의 여지가 있지만, 모든 논란거리에도 불구하고 《한성순보》가 근대 전환기에 진정 중요한 매체임은 사실이다. 근대적인 매체로서 《한성순보》의 가치는 당대에 동아시아, 특히 중국에서 만들어진 외신 기사들과 영국, 프랑스 등의 유럽발 뉴스들을 꼼꼼하게 수집하고 망라해 제공했다는 점에 있다.

《한성순보》는 비록 중국과 일본의 신문에 의존하여 첫걸음을 떼긴 했지만 세계, 특히 서양에 대한 정보가 '새로운 뉴스'의 핵심이라는 점을 분명하게 꿰뚫고 있었다. 창간호의 「순보서」에도 나타나 있듯이 지구상에 펼쳐져 있는 세계의 지식들이란 "세무世務에 마음을 둔 사람이라면 몰라서는 안 될 것"들이며, 외신을 널리 번역하는 것은 "견문을 넓히는 외에 상리商利에도 도움을 주고자" 하는 매우 실용적인 일이기도 했다. 《한성순보》의 편집자들은 "선박이 전 세계를 누비고 전선이 서양까지 이어져 연락되는 데다가 공법을 제정하여 국교를 수립하고, 항만·포구를 축조하여 서로 교역"하는 마당에 "남북극, 열대, 한대 할 것 없이 이웃 나라와 다름이 없어진" 세계를 절실하게 받아들이고 또 전달하려 했다. 이는 《한성순보》의 기사들이 포괄하고 있는 이웃나라의 범위가 지구상의 모든 지역을 포괄할 정도로 사실상 제한이 없었다는 점에서도 증명된다.

뉴스의 원천이 된 상해의 영국 조계 신문들

외신 뉴스들을 최대한 폭넓게 수집하여 수록한《한성순보》는 어디에서 어떻게 뉴스들을 가져왔을까? 즉《한성순보》의 제작을 위해서 원자료로 사용된 뉴스의 원천은 무엇이었을까. 이 매체가 담고 있는 외신 뉴스들의 성격과 내용을 이해하기에 앞서 이 문제를 짚어보고자 한다. 앞서 가장 입수하기 쉬운 중국과 일본의 신문에 의존했다고 했는데,《한성순보》가 자료의 출처로 삼고 있는 신문들에 대해 구체적으로 들여다볼 필요가 있다. 이는《한성순보》를 중국을 비롯한 동아시아의 맥락에서 또한 유럽과 세계 여러 나라의 상황들과 관련시켜 이해하는 데 하나의 실마리가 될 수 있을 것이다.

《한성순보》한 호에 기재된 외신 기사의 건수는 적게는 20여 건에서 많게는 50건 이상에 이르고 전체 지면의 70퍼센트 이상을 차지한다. 이러한 엄청난 양의 외신들을 어떻게 수집한 것일까? 발간 책임자인 김만식, 김인식부터 편집자인 장박, 오용묵, 김기준 등 전통적인 한학자 또는 역관인 이들이 기댈 수 있는 가장 확실하고 손쉬운 정보원은 무엇이었을까? 그것은 바로 중국에서 발간되는 중문(한문)신문들일 수밖에 없다. 후쿠자와 유키치의 제자로《한성순보》발간에 큰 역할을 했다고 알려진 이노우에 가쿠고로井上角五郎가 고종 정부에 정식 고용되면서[13] 일본 신문들에 보도된 러시아, 미국 등지의 소식이 점차 늘어나긴 했지만, 그가 실질적으로 실무에 크게 기여한 것은《한성순보》폐간 이후 국한문 혼용체로 발간된《한성주보》부터라고 보는 편이 더 사실에 부합할 것이다.

19세기 중반부터 영국, 프랑스 등 제국들의 조계지가 된 개항장(조약항)인 상해와 홍콩에서 발간된 신문들은 대부분 영국 상인들이 발행한 영자신문을 모체로 하고 있거나 그 영자신문들의 중문 자매지들이었다.《한성순보》가 정부 주도로 발간된 관찬 매체였던 것과 달리, 중국 개항장의 신문들은 치열한 경쟁체제 속에서 독자층을 확장해 나아가야 했던 대중 상업지였던 것이다.

그렇다면 조계지 상해와 홍콩을 점령한 영국 상인들의 주도로 만든 신문의 성격은 어떠했을까. 이 신문들은 청국에서 영국인들과 영국 상인들의 이익을 보호하고 청 주재 영국 공관의 입장을 대변하는 기능을 상당 부분 포함할 수밖에 없었다. 애초에 상업 정보지를 만든 목적 가운데 가장 큰 이유가 바로 그러한 것이었을 터이다. 예컨대 최초의 영자신문인《북화첩보北华捷報》 North-China Herald(1850년 창간)는 1859년부터 영국 영사관에서 공표하는 공문서나 광고를 게재할 발표기관으로 지정됨으로써 '영국 관보'라 불리기도 했다. 그런데 이 신문의 발간 주체인 영국 회사 자림양행은 1864년부터《자림서보字林西報》North China Daily News라는 영자신문을 새로 발간하기 시작한다. 이 신문은 앞서의 신문이 가졌던 항운상업지로서의 기능에 더하여 일반 보도의 성격을 점차 강화했고, 결국《북화첩보》를 완전히 대체하는 신문이 된다.[14] 일반 보도의 성격이 강화되었다는 것은 상인 등 특정 부류 중심이던 독자층이 크게 확대될 수 있는 조건이 되는 것이다. 더 나아가 《자림서보》는 중국 내륙 각지에 통신원을 고용하고 영국 로이터통신을 독점하는 특권을 누리면서 상해에서 최장기간 발행된 영자신문이 되기에 이른다. 그리고 《자림서보》의 자매지로서 《자림호보字林滬報》(1882~1891), 즉 약칭 《호보》로 불린 중문신문이 있었다.

《한성순보》가 신문 발간 초창기에 가장 많이 의존하고 있던, 즉 가장 많은 기사들을 빌려온 것으로 나타난 상해의 신문이 바로 《호보》이다. 《한성순보》의 기사들에는 기사 말미에 기사의 원출처를 대부분 밝혀놓고 있기 때문에 이를 통계적으로 확인할 수 있다.[15] 예컨대 기사들의 말미에 '이상은 신보에 보인다', '이상은 호보에 보인다'와 같이 출처가 나타나 있는 것이다. 《호보》는 영자신문 《자림서보》의 중문 자매지였기 때문에 《자림서보》가 독점한 로이터통신의 전신을 역시 독점할 수 있는 매체였다. 중국 바깥의 외신들을 재빠르게 입수하고 전달하는 데 절대적인 우위에 놓여 있었던 셈이다. 《한성순보》가 발행되던 당시 상해와 홍콩에는 이미 네 종 이상의 영자신문이 있을 정도로 신문업이 성행하고 있었다. 따라서 개항장의 신문업계는 관보다 민간 주도의 상업적 성격이 강했고 독자 확보 경쟁을 통해 부침이 이루어지고 있던 상태였다. 최초의 중문신문으로 역시 자림양행에서 만든 《상해신보上海新報》(1861~1873)[16]는 《신보》(1872~1949)가 창간되면서 경쟁에서 완전히 밀려 사라진 뒤였다.

《한성순보》를 구성하고 있는 외신의 성격을 들여다보기 위해 살펴야 할 또 하나의 상해 신문이 바로 1872년 창간된 《신보申報》이다. 1882년 《호보》가 등장하면서 중문신문 경쟁 체제를 형성하게 된 《신보》 역시 영국 상인들에 의해 만들어진 신문이었으나 경영진과 편집진, 주필 대부분이 중국인이었고 영국의 색채를 벗어나 중국화 정책을 취함으로써 차별화되었다. 신문 이름에 '申'을 넣은 것은 '申報'가 '고하다, 알리다'의 뜻을 갖고 있기 때문이기도 하고, 중국 특색('申'은 '滬'와 마찬가지로 상해의 별칭이다)을 살리기 위해서였다고 보기도 한다.[17] 《신보》는 상업신문으로서 획기적인 신문 체재와 공격적인 경영을 보여줌으로써 청 말기부터 중화민국 시기 내내 큰 영향력을 발휘했고 중국 현대 신문의 표준이자 시금석으로 불린다.[18] 다른 상업정보지들과 달리 언론을 중시하여 매일 첫 면에 평론(논설)을 실었다는 점이 가장 큰 특징이다. 상업성을 넘어서서 사회신문을 지향하여 기담과 같이 독자들이 흥미롭게 읽을 만한 이야깃거리들을 적극적으로 수록하기도 하고, 영향력 있는 작품들이 발표되는 지면이 되면서 상업지로서 오랫동안 큰 성공을 거두었다.[19]

《호보》와 《신보》 두 신문 모두 8~10면에 달하는 전체 지면의 절반 이상이 상업 무역 관련 광고(임대, 상점개업, 상품, 공부국 고시, 공지사항 등), 경매 정보, 수출입 선박 날짜 정보로 채워져 있다. 따라서 실제 인용할 만한 기사는 서너 면 정도인데, 《신보》는 애초에 외신에 비중을 둔 신문이 아니었기 때문에《한성순보》가 창간되던 무렵에는 외신을 찾기가 어렵거나 있더라도 하루에 한두 건 정도만이 수록되어 있었다. 또 마지막 한 면 정도를 할애하여 북경의 관보인 '경보京報'를 덧붙여 구색을 맞추고 있다.《한성순보》가 관보인 '조보'를 제일 앞머리에 내세운 것과는 대조적이다.《호보》의 경우에도 지면 체계는 이와 거의 유사했다.

《한성순보》는 1880년대 상해 신문계의 쌍두마차라 할 이 두 신문을 적극적으로 참고하고 의존하고 있지만, 시기에 따라 의존도가 확연히 달라지는 현상을 보인다. 즉 발간 초기에는 압도적으로《호보》의 활용 빈도가 높았다가 1884년 이후(특히 4월, 8~9월)에《신보》의 인용 빈도가 급증했던 것이다. 앞서 언급했듯이《호보》는 자매지《자림서보》[20]가 독점한 로이터통신의 기사들을 신속하게 중문으로 번역 보도함으로써 외신에 특히 강한 매체였다. 그에 반해《신보》의 경우는 논설의 기능이 강한 대신 외신의 비중이 미미한 편이었다. 바로 여기에 비밀이 있다. 1884년은 청과 프랑스가 동남아시아, 특히 월남(베트남)을 사이에 두고 대립했던 오랜 갈등이 터져 전쟁으로 점화된 시기이다. 따라서 정국이 급변하는 상황에 발맞추어 이들 매체들의 기사 생산에도 변화가 생길 수밖에 없었다. 바로 이 청불전쟁 시기에《신보》는 러시아인을 취재원으로 고용하여 전시 상황을 상세히 취재하게 하고 이를 신속히 보도하기 시작했던 것이다.[21] 청불전쟁 관련 기사는 중국 매체의 입장에서는 외신이라기보다는 국내 기사에 속한다고 할 수 있고, 이때 전쟁 관련 기사를 공격적으로 생산해냄으로써 《신보》의 위상은 다른 매체들을 압도하게 된다. 따라서 전쟁 보도 기능을 강화한 《신보》가 영국 통신망에 주로 의존하고 있던 《호보》를 정보의 질과 신속한 전달 모든 측면에서 넘어서게 된 것이다.

청불전쟁이 발발한 이후부터 서양, 특히 영국 통신사를 통해 들어오는 일반적인 국제뉴스는 상대적으로 독자의 주의를 끌기 어려워졌다. 이에 따라 《호보》가 기존에 독점적으로 누려왔던 외신 보도에서의 우위가 점차 약화된 반면에, 《신보》는 중국 각지로 확대되기 시작한 전보, 전신을 이용하여 전쟁 뉴스 보도를 확장해가면서 성공적으로 유지될 수 있었던 것이다. 실제로 《호보》는 《신보》에 비해 형세가 점차 기울다가 결국 경쟁에 밀려 1891년에 폐간되는 길로 나아간다.

제국주의와 서세동점의 한허리를 관통하여

《한성순보》는 세계사적 전환기, 지구사적 재편기의 1880년대 초라는 한 시점, 특히 동아시아가 빠르게 변해가던 그 시점에 현장의 파편들을 최대한 끌어모으고 이를 통해 세계에 새로이 접근하려 했다. 그렇다고 해서 기존의 중국 중심의 세계관이나 천하에 대한 관념을 완전히 해체하고 있다고 하기에는 무리가 있다. 동아시아 차원에서 이루어진 다른 세계와의 대결 의식, 동아시아가 보는 서양이라고 하는 인식론적인 중심은 있었다. 그것이 꼭 중화주의나 유교적 세계질서를 고수하고자 하는 최후의 몸부림 또는 완고함으로 설명될 필요는 없을 것이다. 그러한 것들이 흔들리는 현장들뿐만 아니라 서양이라고 하는 견고해 보이기만 했던 성채 역시도 매우 어지러운 혼란 속에 있음을 목격하고 있었기 때문이다. 이러한 가운데 《한성순보》의 인식론에서 발견되는 중요한 키워드를 꼽으면 '상호성'을 들 수 있다.

창간호에 실린 '각국근사'의 가장 첫 번째 기사는 '한학서행漢學西行', 즉 '한학이 서양으로 가다'였다. 영국 대학에서 한학을 가르치는 과정이 개설되었다는 소식을 첫머리에 내세운 것이다.

수년 전부터 영국 아불다阿佛多(옥스퍼드)대학교에서 한학과를 특설·교수하고 있다. 근래 서보西報를 보면, 영국 수도 부근에 위치한 대학교에서도 장차 한학과를 설치하려 한다고 한다. 이를 미루어 본다면, 한학이 서양에까지 유입되었다고 이를 만한데, 하늘이 장차 우리 사문斯文으로 써 온 세계의 문운文運을 계발하려는 것인지도 모른다.

옥스퍼드대학을 위시한 영국의 대학에서 한학과를 설치했고 또 설치할 예정이라는 소식을 《한성순보》의 가장 첫 기사에 배치한 것은 매우 의미심장하다. 서학이 동쪽으로 전해진 '서학동행'

의 시대는 이미 몇 백 년 전인 16세기 말~17세기 초에 시작되었다. 즉 서학이 동아시아에 들어온 지 삼백 년이 훨씬 넘은 시점에서, 이제 뉴스가 되는 것은 그 역으로 한학이 서양에 들어간 것이다. 이는 이 시점에 이미 서양 중심으로 재편된 세계질서 아래에서 동서양의 상호작용이나 상호 이해의 가능성을 인식하고 있음을 보여준다. 즉 이제 사건은 서학이 동양에 '들어온' 것이 아니라 한학이 서양으로 '나아간' 것이며, 이는 19세기 말이라는 시대를 특징짓는 동아시아 세계관의 일단을 보여주는 예라고 할 수 있다. 서학동행 또는 서세동점의 일방적인 시대(17~19세기 전반)를 넘어서 태세를 균형 있게 보고자 하는 욕망이 등장할 법하다. 동아시아 그리고 유럽 이외의 세계 전체가 여전히 절대적인 열세에 놓여 있긴 하지만, 기울어진 저울추를 동쪽으로 조금이라도 옮겨보고 싶은 욕망, 아직 싸움은 끝나지 않았고 이제 시작이라는 일말의 기대와 믿음이 포함된 것이라고도 할 수 있다. 이후 《한성순보》의 기사들은 거세고 집요하게 공격해 들어오는 유럽 국가들과 이에 맞서는 청과 아시아의 분투, 제국주의 패권을 거머쥐기 위한 유럽 내 영국, 프랑스, 독일, 러시아의 경쟁 관계와 혼란 등을 생생하게 담아내게 된다.

　《한성순보》에는 이들 서양 제국주의 국가들에 관한 시시콜콜한 정보들과 그들 사이의 관계의 변화 및 부침에 대한 기사만 있었던 것은 아니다. 당대의 조선인들에게는 그 이름조차 생소할 마다가스카르, 스와질랜드(현 에스와티니 왕국), 아프가니스탄, 이집트, 미얀마 등 동서남북을 망라한 세계 각지의 소식들 또는 조선의 사정과는 일말의 관계도 없어 보이는 저 먼 나라들의 기사들이 심심치 않게 등장했다. 조선 독자들에게 「스와질랜드 국왕이 전사함[蘇祿國王戰死]」, 「아프가니스탄 국왕이 영국의 녹금을 받음[亞業加斯坦王得英之祿金]」, 「미얀마 세자의 행방이 묘연함[緬甸世子未知行處]」과 같은 기사들이 과연 무슨 의미로 다가올 수 있었을까?

이는 우선 《한성순보》 발간 초창기에 《호보》 등 상해와 홍콩의 신문기사들에서 뉴스를 주로 가져왔다는 점과 관련이 있다. 어떤 면에서는 많은 외신 기사들을 선별해서 수용하기보다는 최대한 많이 수록하면서 벌어진 사태라고도 할 수 있는데, 이 기사들이 걸러지지 않고 그대로 수록되었다는 것은 그 나름의 의미가 적지 않다. 당시 《한성순보》의 편집진들이 의식을 했든 하지 않았든 이 기사들은 결과적으로 모두 당시 세계의 식민지들에 관한 정보들이었기 때문이다. 그런데 그 출처가 상해의 조계지 신문들이라는 점 때문에 이 정보들은 영국과 프랑스 등 '제국'의 필터를 직간접적으로 거친 것들일 수밖에 없다. 그렇다고 그것이 일방적으로 제국의 논리만을 대변하거나 강대국들에게 유리한 정보들이었던 것은 아니다. 상해의 신문들인 《호보》와 《신보》가 발간 주체와 목적에 차이가 있듯이 각각 보도의 태도나 논조에서 갈라지는 지점 또한 많았기 때문이다. 그렇다면 1883년에서 1884년 당시 전 세계 식민지들 및 유럽 제국들의 사정이 《한성순보》에 어떻게 녹아 있으며 또 어떠한 방식으로 제시되고 있는지를 구체적으로 살펴보자.

영국과 프랑스의 불화: 식민지 쟁탈전과 열강들의 갈등

1년 남짓 발행되는 동안 《한성순보》에 매호 수록된 '각국근사', 즉 외신 가운데 대부분을 차지한 것은 프랑스의 월남 침공, 그리고 이로 인한 프랑스와 중국 및 열강들 간의 갈등과 관련한 것이다. 중요한 점은 중국의 일간신문에서 쏟아내는 기사들이 하루하루 소비되는 성격일 수밖에 없는 데 반해 《한성순보》는 이 뉴스들을 열흘에 한 번씩 모아서 한꺼번에 독자들에게 제시했다는 점이다. 이러한 사실만으로도 《한성순보》는 당시 인도차이나를 둘러싼 강대국들의 불화의 기록이자 그 종합적 축적이라고 말할 수 있다.

영국이 중국을 공략하던 1840년대에 프랑스는 월남을 비롯한 인도차이나를 표적으로 삼아 공격했고 제1차(1862), 2차(1874) 사이공조약을 통해 월남을 잠식해 들어갔다. 1883년 8월에는 프랑스의 끈질긴 공세 끝에 후에Hue 조약이 체결됨으로써 월남은 보호령으로 전락하게 된다. 그러나 그 뒤에도 중국을 대리하여 월남 내에서 싸웠던 흑기군과 프랑스의 교전은 끊이지 않았다. 1884년 5월 프랑스와 중국 사이에 정전협정이 체결되었으나 국지적인 충돌이 계속되면서 결국 이 화친조약이 깨지게 된다. 이후부터 1885년 6월 '청 – 프랑스 신약'으로 전쟁이 끝나기까지 프랑스와 중국 양자 간에 협상과 갈등이 지루하게 이어진다. 이 과정은 1884년 11월(음력 10월) 갑신정변이 일어나고 발간이 중단될 때까지《한성순보》의 기사들에도 고스란히 반영되었다. 이뿐만 아니라 인도차이나 분쟁과 청불전쟁 이외에도 아시아와 아프리카 국가들 내부의 혼란과 이들 영토를 둘러싼 열강의 혼란스러운 각축전은《한성순보》를 통해서 조선에도 흘러들어 왔다. 그 가운데 대표적인 갈등의 양상으로 나타난 것이 유럽 열강을 대표하는 영국과 프랑스의 불편한 관계였다. 식민지 경영에 열을 올리며 자국의 이익을 최우선으로 했던 두 나라였던 만큼, 이들은 세계 각지에서 때때로 부딪치며 위기를 고조시켰는데 동아시아를 무대로 이 위기가 재연된 것이다.

《한성순보》에서 두 강대국의 관계를 언급한 기사들의 요지는 크게 두 가닥으로 정리할 수 있다. 첫째, 마다가스카르 등지의 영토 문제로 영국과 프랑스 두 나라가 불화를 겪고 있다. 둘째, 월남 문제로 프랑스와 청이 대립하는 가운데 청과 통상 관계에 있는 영국이 여기에 개입하는 문제를 놓고 프랑스와 신경전을 벌이고 있다. 이러한 갈등 관계는 다양한 출처(《신보》,《호보》, 영국 신문, 프랑스 신문)를 통해 여러 각도에서 진술된다.[22] 우선 프랑스와 적대 관계를 형성하게 된 중국 측의 신문들과, 역시 프랑스와의 오랜 갈등의 당사자인 영국계 신문들이 프랑스에 대해 우호적인 기사를 쓸 리는 만무하다. 그러나 사실보도와 객관성 및 중립성을 표방하는 기사와 신문 제작자의 입장이 다분히 반영된 기사

사이에는 분명 논조의 차이가 있다. 예컨대 1호 첫 기사로 실린 「마다가스카르 섬 사건에 대한 최근 소식」은 영국과 프랑스 사이에 불화가 생길 만한 단서가 생겼으나 서로 참고 있다고 전한다. 비교적 중립적인 서술인 것이다. 반면 상해《신보》의 기사를 가

표 1 《한성순보》에 나타난 영국–프랑스 관계

발간호(음력)[*]	기사 제목	원 출처
1호. 1883.10.1.	마다가스카르 섬 사건에 대한 최근 소식 [馬達加斯加事近報]	
3호. 1883.10.11.	마다가스카르 섬의 최근 소식 상술 [詳述馬達加斯加近事]	《신보》
	태국과 버마의 불화[暹緬不和]	
4호. 1883.11.1.	프랑스가 스페인 영국과 틈이 생기다 [法與日英開釁]	西報(서양 신문)
5호. 1883.11.11.	월남 사태에 관한 번역[越事瑣譯]	《西字報》 (홍콩 영자신문)
	프랑스 전보에 대한 보충 기록[法電補錄] 프랑스에서 보도한 의론[法報疑論]	사이공의 프랑스어 신문을 인용한 상해 신문
11호. 1884.1.11.	중국과 프랑스의 화상을 논함[論中法和象]	각국 신문
22호. 1884.5.1.	영국과 프랑스 사이가 벌어짐을 전하다 [英法啓釁傳言]	《신보》
24호. 1884.5.21.	프랑스인의 큰 욕심[法人大欲]	영국 摩窖普士日 (모닝프레스)

[*]
이하 날짜는 따로 명시하지 않는 한《한성순보》(한문본) 첫 면에 표기된 음력 을 따른다.

져온 3호의 기사 「마다가스카르 섬 최근 소식 상술」에서는 프랑스에 대한 적대감이 노골적으로 표출되어 있다.

영국의 상인과 여객이 이곳에 주거하고, 이곳에 무역하는 예가 매우 빈번하므로, 영국 당국에서 프랑스의 행패를 명시해서 저지하지는 못하나, 내심 못마땅하게 여겨 온 터이다. (…)
이태리 사람들의 가슴속에는 언제나 프랑스를 깊이 저주하고 있으며, 지금 마다가스카르 사건에 프랑스는 다시 영국을 격노시켜 싸움의 단서가 형성되었으니, 이전의 좋은 이웃나라가 이제 강한 적국으로 변한 것이다. 또한 독일도 본시 프랑스와 오랜 원한이 있어, 마치 마른 섶과 준열한 숲에 불만 닿으면 타버릴 것과 같은 형편이요, (…)
이태리와 프랑스의 원한은 지금도 풀리지 않고 있으므로, 만약 영국과 프랑스가 전쟁을 벌인다면, 독일과 이태리가 어찌 프랑스의 후방을 그냥 두겠는가. (…)
프랑스의 숨은 걱정거리가 절박한 데도 오히려 이를 깨닫지 못하고 그저 많은 군사를 동원, 먼 바다를 건너와서 중국을 상대로 월남을 다투고 있으니 참으로 애석한 노릇이다.[●]

●
《한성순보》의 기사 제목과 인용문의 번역은 원자료인 한문본과 관훈클럽신영연구기금의 번역본(1883)을 함께 참조하였다.

위의 기사는 프랑스가 중국뿐 아니라 이웃나라인 영국, 이탈리아, 독일과도 오랫동안 불화의 씨앗을 키워왔다는 점을 매우 강경한 어조로 서술한다. 이탈리아 사람들은 프랑스를 "가슴 깊이 저주"하고 있으며, 독일 또한 "본시 프랑스와 숙원"이 있다. 특히 "프랑스에서는 항상 프러시아(프로이센)의 수도를 짓밟아 숙원을 씻으려는 생각을 잊지 못하고, 프러시아에서도 항상 프랑스를 다시 눌러 후환을 없애려는 마음을 품고" 있다는 것이다.[23]

1883년은 보불전쟁, 즉 프로이센 – 프랑스 전쟁(1870~1871)으로 프랑스가 독일에 완벽하게 패한 지 그리 오래지 않은 시점이다. 이러한 형편이므로 영국과 프랑스가 전쟁을 한다면 아무도 프랑스 편을 들지 않으리라는 것이었다. 나아가 이 신문은 유럽의 여러 국가들이 프랑스를 증오하고 있는데도 정작 프랑스는 그 절박한 걱정거리를 외면하고 먼 월남에서 중국을 상대로 싸움을 걸고 있으니 "애석한 노릇"이라고 표현한다. 이러한 어조는 이 기사가 실린 《신보》가 상해와 홍콩의 다른 신문들과 달리 발간 주체가 주로 중국인들이었다는 점과 관련이 있을 것이다. 또한 이는 영자신문에 의존하고 있는 《호보》와 달리 《신보》의 경우 독자적인 논설 기능이 매우 강했다는 점을 보여준다. 중국에서 생산된 신문들과 이 신문들이 활용했던 모닝프레스, 타임즈, 스탠다드 등 영국 신문들이 가감 없이 《한성순보》에도 전달되면서, 당대에 《한성순보》를 읽었을 독자들에게 프랑스가 어떻게 비쳤을 것인가를 짐작할 수 있다. 위 기사에도 보이듯이 프랑스는 행패를 일삼고 이웃들과 불화를 서슴지 않는 '불량국가'로 묘사되고 있는 것이다.

영국과 프랑스 모두 제국주의적 팽창을 멈추지 않았던 세계의 패권 국가들이었고 또 중국을 이빨 빠진 호랑이로 만드는 데 가장 크게 기여했다는 공통점이 있다. 그러나《한성순보》측에서 가장 손쉽게 그리고 폭넓게 입수할 수 있는 가장 중요한 뉴스 원천인 상해 조계지의 중문신문들이 영국의 세력권 안에 있었던 이유로 인해, 영국과 프랑스에 대한 불균등한 입장과 태도는 발간 기간 내내 유지될 수밖에 없었다. 영국 신문들을 인용한 기사들 가운데는 "프랑스 사람들은 의심과 시기심이 강하다"거나 "프랑스인들은 오로지 땅을 개척하는 데만 힘을 써서 무덕을 더럽히고 전쟁을 일삼는다"는 원색적인 비난이 고스란히 담겨 있다. 그리고 뒤에서 살펴보겠지만 프랑스에 대한 이러한 평가와 시선은 청불전쟁의 전황이 급박하게 돌아가면서 더 증폭되는 양상을 띠게 된다.

한편《한성순보》가 발간되던 시기에는 영국과 프랑스만이 아니라 세계를 자신들의 발 아래 두려 했던 유럽의 열강들 모두가 곳곳에서 서로 자주 부딪치고 갈등했다. 러시아와 영국, 독일과 프랑스, 스페인과 프랑스, 러시아와 독일은 때로는 원수가 되고 때로는 동맹이 되면서 불화와 타협 사이를 부지런히 오갔다.《한성순보》5호의 기사「오스트리아 프러시아 이태리의 동맹」과 7호의 기사「유럽의 대세」는 이들의 이합집산과 이해관계를 잘 보여준다. "천하의 각 나라들이 한결같이 군비에만 뜻을 두어 서로 우세하려고 힘써 다투는 시대"이다.[24] 유럽 강대국들 사이에는 우호적인 관계도 적대적인 관계도 결코 영속적이지 않다. 그렇기 때문에 이들 사이에 불화의 씨앗은 언제나 상존하며 그 불똥은 세계의 약소국들로 금세 옮겨붙게 된다는 것을 충분히 알 수 있게 되었다. 이들 중서부 유럽 국가들의 이전투구 양상 속에서 그 밖의 지역 국가들인 러시아, 일본, 미국이 날로 군비와 경제력이 강대해지고 있음을 전하는 기사들도 빠지지 않고 등장했다. 이는 곧 도래할 신흥 강국, 신흥 제국주의 시대의 예고편이라고 할 수 있다.

전 세계 식민지의 동향과 제국과의 갈등

3호에 실린 '각국근사' 가운데 「태국과 버마의 불화[暹緬不和]」라는 제목의 기사는 강대국에 포섭된 약자들 간의 대리된 싸움을 기록하고 있다. 원래 사이가 좋지 않은 태국(타이)과 버마(미얀마)가 각각 영국과 프랑스와 결탁하여 힘을 얻고자 함으로써 스스로 함정에 빠지고 있음을 지적한 기사이다. 이 경우에는 특별히 원 출처가 밝혀져 있지 않기 때문에 기사가《한성순보》편집자들의 목소리일 가능성도 있다. 이 기사는 월남뿐만 아니라 태국과 미얀마가 영국과 프랑스 사이에 새로운 충돌의 접점이 될 수 있음을, 그리고 그들 나라가 자기 꾀에 넘어가 열강에 사로잡히게 될 것임을 경고하고 있다. 이렇게 아시아나 아프리카 등지의 여러 지역과 국가들이 제국주의 열강에 의해 어떠한 처지에 놓이게 되는가를 보여주고 전달하는 기사들 역시《한성순보》에서 다양하게 나타난다. 다음 표는 세계 각지 식민지들의 동향을 전하는 기사들을 모아본 것이다.

이 기사들은 첫째, 단순한 사실관계만 기술된 경우와 둘째, 사실보도 위에 논평이나 감상이 부기된 경우로 나누어 볼 수 있다. 그런데 논평이 붙는 후자의 경우 논조가 제각각인 점이 흥미

표 2《한성순보》에 나타난 식민지들의 동향

발간호(음력)	기사 제목	원 출처
1호. 1883.10.1.	스와질랜드 국왕이 전사함[蘇祿國王戰死] 아프가니스탄 왕이 영국의 녹금을 받음 [亞業加斯坦王得英之祿金] 미얀마 세자의 행방이 묘연함[緬甸世子未知行處]	
2호. 1883.10.11.	영국군사가 이집트에 주둔함[英兵駐埃及] 손해배상을 청구함[要償損害]	상해 신문 (上海報)
5호. 1883.11.11.	페르시아가 추가 조약을 체결함[波斯追加條約]	일본 신문
6호. 1883.11.21.	쿠바에서 항거가 심함[古巴亂耗]	뉴욕 우편
8호. 1883.12.11.	월남 왕이 피살됨[越王被弑]	하이퐁(海防) 우편
9호. 1883.12.21.	마다가스카르, 아라비아, 인도, 아일랜드에서 폭란이 일어남	
13호. 1884.2.1.	이집트, 페르시아에서 반란이 일어남	
16호. 1884.3.1.	이집트의 재정: 영국군 주둔비 부담과 배상금으로 재정곤란에 처함[埃國財政]	
21호. 1884.4.21.	캄보디아가 프랑스에 귀속됨[金邊歸法]	《화자일보華字日報》

롭다. 예컨대 출처가 표기되어 있지 않은 1호의 기사 「아프가니스탄 왕이 영국의 녹금을 받음」은 인도 주변 야만인들을 통제하려는 영국의 "간교한 계략[計之狡者]"을 지적한다. 2호의 기사 「영국군사가 이집트에 주둔함」에서는 중국이 영국과 프랑스의 내정간섭으로 "자칫하면 이집트와 같은 처지에 놓이게 될 수 있음"을 경계하고 있다. 또 같은 2호의 기사 「손해배상을 청구함」에는 유럽 모든 나라가 알렉산드리아에서 일어난 변란을 구실로 삼아 이집트 정부에 거액의 손해배상을 청구한 사실을 구체적인 액수와 함께 제시하고 있다. 그리고 결국 이 배상금 문제로 이집트가 극심한 재정 곤란에 시달리게 되었다는 사실이 16호의 「이집트의 재정」이라는 제목의 기사에 보인다.

그 밖에도 쿠바, 월남, 마다가스카르, 인도, 아라비아, 아일랜드, 이집트, 페르시아 등지에서 일어난 반란이 제국주의 국가들에 대한 대항과 자립운동의 성격이 있다는 점을 지적하는 기사들이 자주 등장한다. 이 기사들은 원 출처가 상해의 신문들뿐만 아니라 미국이나 일본, 인도, 독일, 러시아 등의 통신이나 신문인 경우들도 적지 않다. 물론 상해나 일본의 신문들이 외신에서 인용한 기사를 《한성순보》가 재인용한 경우가 대다수로 보이는데, 때로는 미국 통신을 인용하여 스페인령인 쿠바에서 극심한 항거가 일어났다는 보도를 싣기도 하고, 일본 신문을 인용하여 마다가스카르의 폭동 소식을 전하기도 한다. 제국주의로 인해 벌어진 분란들과 세계 곳곳에서 빈발하는 항거의 소식들은 드문드문 보이긴 하지만 동남아시아, 중앙아시아, 아프리카, 남아메리카 할 것 없이 빠지지 않고 등장한다. 이렇게 해서 유럽 제국주의 세력들이 구축한 거대한 세계가 어떻게 균열되고 또 파열음을 내고 있는지를 전 지구적인 현상들로 고스란히 축적하게 된다. 한편으로는 제국 내부에서 들려오는 또 다른 목소리들도 간간히 전해진다. 《한성순보》 7호에서는 영국의 예술가이자 사회운동가인 윌리엄 모리스(1834~1896)가 자국의 식민지 침략주의와 식민정책을 비판하며 대학생들 앞에서 행한 연설 소식과 함께 런던의 신문에 실린 장문의 연설문 요약본을 볼 수 있다.

> (⋯) 영국의 케이프타운과의 10회의 전쟁, 중국과의 3회 전쟁,
> 그리고 페르시아, 이디오피아, 러시아와의 각 대전 및 현재의
> 이집트와의 전쟁 등을 종합해 보면 그 원인이 모두 인도에 있다.
> 이것으로 미루어 보면 영국이 인도를 보유함으로써 자국의
> 명예를 손상함이 적지 않고, 또한 자국의 부강을 손상했는데도
> 영국인들은 오히려 깨닫지 못하고 있으니 어찌 어리석다고 함이
> 옳지 않겠는가. 또한 지금의 인도의 문학·종교를 살펴보면,
> 이미 개화의 영역에 달해 있어서 인도의 인민들이 모두 국가의
> 독립이 고귀하다는 것과, 자주정치의 소중함을 알고 있는데도,
> 영국 정부에서는 허락하지 않고 영원히 우리의 소유로 만들려
> 하니 영국인들의 뜻을 묻노니 「칼로 인도를 얻어서 칼로써
> 인도를 보유하려 하는가」. 지난번의 잘못이 오히려 뒤의 경계가

된다는 것을 모르니 통한스럽고 슬픈 일이다.

이처럼 식민지들의 동향을 사실보도의 차원에서 전하는 기사들과 달리 제국주의 열강에 대한 분명한 반감이 드러나는 경우도 있다. 캄보디아의 국왕이 프랑스에 예속되는 것을 기꺼이 받아들였다는 사실을 전하는 21호 기사에서는 "이것은 뱀을 끌고 집으로 들어가는 것과 무엇이 다르겠는가"[25]라는 한탄이 덧붙여져 있다. 그러나 유럽 제국주의 국가들이 비유럽 지역으로 팽창하고 이들 지역을 마음대로 점령하는 것을 합리화하는 데 동원되었던 사회진화론, 우승열패의 논리가 고스란히 반영된 지점들역시 확인할 수 있다. 《한성순보》의 것인지 혹은 출처가 된 원자료에 있는 것인지 불분명하지만 3호의 말미에 실려 있는 아메리카주에 대한 설명문에는 "손님은 강하고 주인은 약해서 조상이 살던 땅을 빼앗기고 끝내 회복하지 못했으니 슬픈 일이다"라는 감상이 덧붙여져 있고, 5호의 오세아니아주에 대한 설명문에도 "야만인의 풍속이 비록 악하기는 하나 사람으로서 끝내 조상의 땅을 잃고 다시는 이어 나갈 자손마저 없게 되었으니 슬픈 일"이라는 기술이 보인다. 유럽의 문명국들이 비유럽의 야만인들을 점령하는 것은 부당하고 서글픈 일일지언정, 야만은 악이고 문명은 선이라는 논리, 서구 문명과 우승열패의 질서가 천하의 대세라는 슬픈 수긍이 녹아 있는 것이다.

둥근 지구에 대한 과학적 설명과 더불어 오대양 육대주에 대

해 개설적인 정보가 나열되어 있는 이 설명문들은 '각국근사'와
달리 시사적인 내용이 아닌 포괄적인 백과사전적 정보를 담고
있고 원 출처가 명시되어 있지 않다. 그런데 이러한 글들에는 당
시 시대의 대세에 대한 소극적 긍정이라는 차원을 넘어서서 서
양 중심적인 서술 태도가 두드러지게 나타난다.

1호(1883.10.1.) 논주양論州洋[26]
지금 중국 해변의 군도 중에서 홍콩은 영국의 속지로서 동양의
번화를 독차지하고 있다. 그러므로 영국이 일찍이 이곳에
진대鎭臺를 쌓고 많은 군함을 근해에 배치하여 보호하고 있다.

4호(1883.11.1.) 아프리카주〔亞非利駕洲〕
인종은 모두 흑색인에 속하는데 야만인의 범주를 벗어나지
못한다. (…) 이른바 야만인이란 이들을 두고 한 말이다. 그러나
지금 이집트와 마다가스카르 및 유럽 제국의 속국은 점차
개화하여 날로 발전하고 있다.

9호(1883.12.21.) 독일이 남아프리카에 이민을 보낼 듯하다
〔日耳曼將移民於南阿非利加〕
대체로 독일의 민속民俗은 이주하기를 즐겁게 여기는데, 지금
정부로부터 이민책을 성행하고 있으니, 앞으로 아프리카의
남부는 장차 일대 부국이 될 것을 손꼽아 기다릴 수 있겠다.

위의 첫 번째 글에는 영국이 홍콩에 군함을 배치하여 "보호"한다거나, 홍콩이 영국 덕에 "동양의 번화를 독차지"하고 있다고 적혀 있다. 또 4호와 9호의 글에는 "유럽 제국의 속국들이 점차 개화하여 발전하고 있다"는 진술이나 독일의 이민정책으로 "남부 아프리카가 일대 부국이 될 것"이라는 기술도 있다. 이러한 논조의 차이에서 미루어 보건대 이 설명문들은 서양 서책의 한역본을 인용한 것으로 추정된다.[27] 여기에는 위에서 보듯 캄보디아와 아메리카, 오세아니아에 대해 필자 또는 인용자가 드러내고 있는 애석함이나 슬픔의 감정이 전혀 나타나 있지 않다.《중국공보관》에서 가져온 8호의 논설에서 "천하 절반이 서국의 압제 아래 있으니, 어쩌다 중국이 이 지경이 됐는가"라며 한탄하는 논조와 비교해보면 한참 거리가 멀다.

이렇게 여러 논조와 서술 태도가 뒤섞여 있는 것은《한성순보》가 같은 시기에 발행되던 중국과 일본의 신문뿐만 아니라 몇 년의 시차가 있는《중서문견록》(1872~1873)과 같은 잡지[28], 한역 서학서, 중국과 일본에서 발행된 서책 등을 광범위하게 인용 또는 전재하고 있었기 때문이다. 특히《중서문견록》은《한성순보》가 발간되기 10년 전에 이미 폐간된 매체임에도, '서구 학문과 신문물 소개', '잡기雜記', '각국근사'를 주 내용과 체재로 하고 있어서《한성순보》가 모델로 삼은 매체 가운데 하나였다.

그러면 이렇게《한성순보》기사들의 서술 태도와 논조에서 나타나는 불균형 혹은 혼란을 당대의 독자들은 어떻게 받아들였을까. 이와 관련해서 흥미로운 대목이 있다.《한성순보》의 편집자들은 한쪽으로 편향된 논조의 기사나 사실 여부가 불확실한 기사의 말미에 종종 "보는 자들은 마땅히 스스로 살필지어다[覽者當自審察]"와 같은 문장을 첨가해놓고 있었던 것이다. 결국 《한성순보》의 기사문에 표출된 다양한 논조들은《한성순보》편집진들 자신의 견해나 주장이기보다는 원 출처의 것일 가능성이 높고, 이에 대해《한성순보》측은 상충하는 다양한 논조들까지도 폭넓게 아우르면서 이를 독자의 해석과 판단의 영역으로 남겨두고 있었다.

　사실《한성순보》에는 책자의 마지막 면에 일종의 사고社告라 할 '본국고백'이 종종 실렸는데, 그 내용은 일반 독자의 의견과 질정叱正을 구하고 널리 구독할 것을 독려하는 것이었다. 본국고백의 세 가지 조항은 다음과 같다. 뜻이 자세하지 않거나 그 이치가 미진한 점을 지적해 주면 바로잡겠다(1항). 자세히 기록하지 못하고 긴요한 것만 취한 내용에 대해서는 전체를 알고 싶은 독자가 있으면 전체를 밝히겠다(2항). 구독을 원하는 경우 서울에서는 저동 박문국을 방문하면 되고 지방의 독자에게는 본사 부담으로 발송해주겠다(3항). 즉 근대적인 매체로서 독자와의 소통 가능성을 널리 열어젖히고자 했던 노력을 여기서 엿볼 수 있다. 당대의 독자들이《한성순보》의 기사들을 어떻게 읽고 느끼고 공유했는지에 대해 살피는 것은 또 다른 중요한 과제인데, 적어도 국가와 왕조정치를 넘어선 개화의 새로운 가능성을 시험하고자 했던[29] 갑신정변이 돌출되어 나왔던 저변에 《한성순보》가 한 자리를 차지하고 있었음은 분명해 보인다.

외신의 홍수 속에 사로잡힌 청불전쟁과 프랑스

중국이 동아시아에서 패권 국가의 지위와 천하의 중심이라는 지위를 완전히 잃게 되는 계기, 동아시아를 넘어 세계사적인 힘의 재편이 이루어진 사건으로 흔히 1894년(갑오년)의 청일전쟁을 꼽는다. 조선 역시 1860년대부터 시작된 민란이 동학농민전쟁으로 거세게 불타오르면서 내부의 오랜 갈등과 모순이 폭발하는 대격동의 와중에 놓이게 되는데, 이를 빌미로 한반도에 들어온 청과 일본이 충돌하면서 결국 청이 일본에 굴복하는 사태를 목도한다. 따라서 청일전쟁과 갑오개혁, 대한제국의 수립으로 이어지는 1890년대를 흔히 청과 조선, 일본이 새로운 관계로 들어가는 시기 그리고 서양 중심의 세계질서 속에서 각자가 새로이 자리매김을 해야 했던 결정적인 역사적 전환기로 꼽는다.

그런데 이미 19세기 전반 두 차례의 아편전쟁을 겪으면서 영국에 무릎을 꿇고 5개 항을 개항했던 청은 청일전쟁 이전에 한 번 더 뼈아픈 패배를 겪은 적이 있다. 1880년대 초, 자신의 오랜 속방인 월남을 접수하려는 프랑스와의 갈등 끝에 전쟁을 치르게 된 것이다. 청은 19세기 내내 서양 여러 나라들에게 물어뜯겨 만

신창이가 되어갔지만, 그럴수록 조선, 월남 등 주변국들에 대한 종주권에 집착했다. 1883년에서 1884년으로 이어지는 청과 프랑스의 반목, 전쟁을 피해보려는 양국의 지루한 협상 끝에 1884년 8월 본격적인 전쟁이 시작된다.

1884년이라고 하면 우리의 뇌리에 가장 먼저 떠오르는 것은 그해 11월에 있었던 갑신정변이지만 《한성순보》가 발간되던 1883년에서 1884년은 동아시아사, 세계사의 관점에서 보면 청과 프랑스가 월남을 사이에 두고 오랜 기간 대립하다가 전쟁에 이르렀던 시기이기도 하다. 청불전쟁, 중법전쟁 또는 청 – 프랑스전쟁이라고도 부르는 이 전쟁에서 중국은 약 40년 전(1840년대) 영국과의 전쟁에서 그랬던 것처럼 고전하게 되고, 아시아를 둘러싼 패권 경쟁 구도 역시 빠르게 재편되어갔다. 그리고 바로 이 급박한 시기의 정세와 관련하여 동아시아, 특히 상해, 홍콩 등지에서 생산된 거의 모든 정보들은 신속하지는 않지만 꾸준히 그리고 풍부하게 조선 땅에 전해졌다. 물론 풍부하게 정보가 수집되고 편집되어 일반에 제시되었다고 하더라도 그것이 언론으로서 얼마만큼의 실질적인 파급력이나 영향력이 있었는가는 별개의 문제이다. 하지만 《한성순보》는 동아시아에서 가장 첨예한 사건들과 그를 다양한 방식으로 전하는 수많은 기사와 논설들을 조선에 부지런히 실어 날랐다.

《한성순보》의 기사들을 통틀어 두드러지는 비중을 차지하는 것이 '전쟁'과 '군대', '점령'과 '소요' 등 제국주의와 식민지 개척

시대의 풍경들이라는 점은 앞에서도 살펴보았다. 우선 창간호만 하더라도 열세 건의 '각국근사' 가운데 '사건', '내란', '해군', '전사', '육군', '화의', '배상금' 등 제국주의 전쟁 또는 식민지 관련 내용을 다룬 기사가 대부분이었다. 그런데 1년 남짓한 《한성순보》의 발간 시기 동안 가장 중요한 이슈는 무엇보다도 프랑스의 아시아 침략 야욕과 이에 대한 세계 각국 및 청의 대응이었다. 결국 청불전쟁으로 이어진 갈등은 우연히 《한성순보》 발간 시기와 겹치면서 고스란히 우리의 기록으로도 남았다. 즉 《한성순보》 편집진이 당시의 중요한 이슈를 선별하여 기사화하기보다는 충실하게 동아시아의 최신 자료들을 망라하여 수집하고 편찬하는 과정에서, 청불전쟁 기간에 생산된 광범위한 관련 기사들이 차곡차곡 쌓일 수 있었던 것이다.

《한성순보》 전체 기사 가운데 프랑스 - 월남 관계, 그리고 프랑스 - 청의 전쟁(청불전쟁) 관련 기사가 절반가량을 족히 차지한다는 점 때문에, 《한성순보》는 그간 청불전쟁을 연구하는 주요 자료로 다루어졌다. 그런데 순보라는 형태로 발간된 《한성순보》는 속보 경쟁을 벌이고 있던 상해와 홍콩의 일간신문들과는 근본적으로 다른 종류의 매체일 수밖에 없다. 《한성순보》는 일정 기간에 나온 외국 신문들을 한데 모아서 한꺼번에 게재하는 형태였다. 게다가 실제 사건이 벌어진 날짜나 이를 보도한 신문기사의 날짜보다 훨씬 뒤인 한두 달 뒤에야 《한성순보》의 지면에 등장했다. 이 때문에 전쟁 정보의 신속한 전달이라는 뉴스의 기능을 전혀 수행할 수 없었던 대신에, 이러한 정보의 수집과 집적을 통해 얻을 수 있었던 의외의 결과도 있다. 어쩌면 이러한 점이 《한성순보》만이 가진 독보적인 성격을 더 잘 보여주는 것일 수도 있을 것이다. 이 경우 중요한 것은 '이 매체를 통해 청불전쟁의 어떤 면을 알 수 있는가' 못지않게 '정보들이 어떻게 배치되어 있는가', 즉 '정보를 어떻게 독자들에게 제시하고 있는가' 하는 점이다.

상해의 신문사들이 뉴스와 정보들을 입수했던 경로와 출처는 매우 다양했다. 상해의 신문사에 정보가 들어오는 방식은 1)전신(로이터통신), 2)우편, 3)입항하는 선박, 4)인편(정보원, 취재원)의 전언(傳言), 5)외양外洋의 서신과 신문, 6)상해와 홍콩의 여타 신문들로 크게 나누어 볼 수 있다. 그러나 급박하게 돌아가는 전쟁 통에 정확한 정보를 확인하고 수집하기가 쉽지 않은 상황이었기 때문에 일간신문의 뉴스 기사들에는 전언의 전언, 인용의 재인용 등이 빈번하게 일어나고 있었다. 무엇보다 청불전쟁의 단초를 제공한 월남과 프랑스의 관계는 특히 중요하게 다루어지는 기사였다. 따라서 이와 관련해서는 월남과 지리적으로 가까운 홍콩의 신문 기사들이 비교적 신속하고 정확하다는 인식이 당시 신문들 사이에 널리 퍼져 있었다. 따라서 상해에서도 홍콩에서 입수되는 정보들을 근거로 한 신문기사들이 양산되기 시작한다. 그렇다면 청불전쟁의 전황과 관련하여 쏟아지는 어지러운 사실들과 엇갈리는 풍문, 저마다의 논조를 가진 논설 등을 《한성순보》가 어떻게 제시하고 있는지 따라가 보자.

프랑스 군대에 관한 풍문과 정보전쟁

《한성순보》는 애초에 신문이라는 것이 가지는 속보성이나 시의성을 지향한 매체가 아니었다. 앞에서도 언급했지만 중국 일간신문의 기사가 게재된 날짜와 《한성순보》에 게재된 날짜 사이에는 평균 한두 달가량의 시간적 격차가 있었기 때문이다. 예를 들면 1883년 음력 10월 11일자인 《한성순보》 2호에 《호보》의 8월 초 사흘 치 기사 여덟 편이 연속해서 등장하는 식이다. 이 기사들은 모두 그에 앞서 1883년 7월 13일에 벌어졌던 프랑스군과 월남 내 흑기군의 전투에 대해 다루고 있다. 3호(10월 21일자)에서도 《호보》의 8월 중순 기사들을 연이어 내놓고 있다. 이 기사들은 모두 프랑스가 흑기군과의 전투에서 패했다는 소식을 다양한 방식으로 전한다. 또한 《한성순보》 28호(1884년 7월 22일자)에는 중국과 프랑스의 화친이 결국 무효가 되고 본격적인 전쟁이 개시되었음을 보여주는 기사가 열 건 이상 등장한다. 즉 여기에는 중국과 프랑스가 전쟁을 하게 될 것을 우려하는 목소리들을 전하는 기사, 전쟁이 개시되었음을 알리는 기사, 중국과 프랑스 사이에 결국 화친이 깨진 이유를 다루는 기사, 전투와 교전 상황을 보도하는 기사와 같이 여러 날에 걸쳐 다양한 방식으로 산출된 기사들이 한 호의 분량 안에 한꺼번에 제시되어 있는 것이다.

《한성순보》가 모아놓고 있는 중국 신문 기사들의 기술 방식은 대체로 비슷하다. 우선 전황과 관련하여 여기저기서 들려오는 풍문을 먼저 보도하고, 이후에 이에 대한 취재와 전언을 보충하여 사실을 확정하거나 상술한다. 예컨대 '프랑스군이 크게 패했다더라' 하는 풍문을 전한 뒤에 구체적인 사망자 숫자나 형세를 여러 취재원들과 현지의 보도를 통해 거듭해서 보충하거나 정정해서 전해주는 식이다. 사실상 전황이라는 것은 시시각각 바뀔수 있고 또 후방의 주민들이 그 실상을 알기까지는 당시의 통신환경에서는 상당한 시일이 필요하다. 따라서 전황을 보도하는 기사들 가운데에는 확인되지 않은 추측이나 풍문, 전언과 유언비어들이 쉽게 섞여 들어간다. 심지어 여론전과 정보전의 와중에 이러한 것들이 적극적으로 생산되는 일도 비일비재하다. 따라서 팩트를 생명으로 하는 신문기사이건만 멀리서 들려오는 확인되지않은 풍문이 기사의 전부인 경우도 흔히 볼 수 있다. 일간신문들로서는 전쟁 상황에서 무엇보다도 빠르고 생생한 속보의 전달이 우선이었기 때문이다. 속보를 전달한다는 명목으로 근거가 불분명한 풍문을 보도한다는 것은 위험 부담이 클 수밖에 없는 일이지만, 전쟁 중이라는 상황 논리가 떠도는 풍문을 신문의 체재 안에 편입시켰던 것이다. 따라서 전시에는 풍문과 이의 보충, 정정보도와 후속 보도가 상시적인 일이 된다.

그런데《한성순보》를 통해 이들 기사를 읽는 조선의 독자 입장에서 생각해보면 프랑스가 흑기군에 패배한 사건은 이미 두세달이 지난 과거의 사실이다. 대신에 독자들은 전투 당시에는 급박하게 돌아갔을 매일의 어지러운 신문 보도들에서 멀찍이 떨어진 자리에서 이 기사들을 한꺼번에 비교해볼 수 있다. 따라서 독자는 지난 사건의 풍문과 팩트를 확인하는 데에서 나아가 이 사건을 당시의 중국 신문들이 어떻게 보도했고 또 어떤 여론을 형성했는가 하는 점까지도 한눈에 접할 수 있게 된다. 이는 나날의 뉴스를 전하며 어제의 기사가 오늘의 기사로 덮이고 묻힐 수밖에 없는 일간신문에서는 결코 제공할 수 없는 기능이다.

기사뿐만 아니라 논설의 경우에도 그러하다. 예컨대《한성순보》8호를 읽는 독자는 청불전쟁과 관련하여 서양인들과 중국의 시각을 각각 대변하는 논설 네 편을 한꺼번에 접할 수 있다.[30] 중국 내 여러 신문사의 논설을 전문 그대로 수록함으로써 의도하든 하지 않았든 서양인(특히 영국인)들이 이 전쟁을 바라보는 시각, 영국 신문의 영향력 아래 있는 중문신문의 시각, 중국 정부 측의 입장을 동시에 비교할 수 있게 한다. 때로는 상해의 신문기사와 일본의 신문기사가 합해져서 양쪽의 목소리가 함께 분출되는 이채로운 장면도 있다. 8호의 마지막 논설「중국인이 공상국 동사(董事, 조계의 시가지 정비와 청결을 담당하는 일)의 직을 맡을 수 있음을 논함[華人可爲工局董事論]」에는 10배나 많은 중국인이 그 10분의 1인 서양인들의 통제 아래 놓여 있는 데 대한 불만을 표출하는 상해 신문의 논설과 '일본은 이런 일이 없어 다행이며 기뻐할 일이다'라는 일본 측의 입장이 담긴 일본《시사신보》의 논설이 나란히 묶여 있는 것이다.

《한성순보》에는 전쟁 당시 중국과 프랑스 사이의 신경전 또는 정보전의 양상들 또한 고스란히 담겨 있다. 중국 신문들은 종종 기사를 통해 "프랑스가 패전을 숨기려고 거짓말과 헛소문을 퍼뜨리며 사실을 호도하고 있다"며 거세게 비판하거나 조롱한다. 심지어 3호에 실린 「프랑스 군사가 연속 패하다[法軍續敗]」라는 기사에는 프랑스 병사들의 사기가 바닥에 떨어져 "가만히 앉아서 죽기만을 기다릴 뿐"인데도 소문이 새어나가지 않게 하려고 혈안이 되어 있다는 말까지 나온다. 프랑스의 여론전을 비난하는 중국 매체들 역시 여론전에 적극 나선 모양새를 확인할 수 있다. "프랑스 사람들은 본시 숨기는 바가 많아서" 프랑스 측에서 나오는 소식들은 대부분 '가짜 뉴스'라고 보도하는 가짜 뉴스도 있다.

4호 「흑기군의 승리에 대해 자세히 서술함[詳述黑旗戰捷事]」
(1883. 11. 30.)
월남 전쟁에 대한 기사는 모두 소문에 의한 것이요, 현장을 직접
수행하여 사실을 취재한 것이 아니다. 또한 프랑스 사람들은
본시 숨기는 바가 많아서 남들이 군중軍中의 소식을 퍼뜨리는 것을
엄금하고 오가는 서신도 일체 검열을 실시하므로 사람들이 혹시
그 금법에 저촉될세라 저마다 입을 다물었고 그중에 전해지는
소식도 모두 가짜였으며, 각 신문사의 기자 또한 종군 취재할 수
없어 언짢은 심정으로 되돌아오곤 하므로 모든 소식이
자세하지 못하다. 그런데 이번 월서粵西에서 들어온 체신을 보면,

7월 13일에 흑기군이 승리했다는 기사에 대하여는 직접 종군하여
군무에 참여하였다가 개가를 올리고 돌아온 사람에게서 입수한
것이어서 열거된 사실이 이전 보도에 비해 매우 자세하므로
신속 보도하여 두루 제공하는 바이다.

위 기사는 "직접 종군하여 군무에 참여했던" 사람이 전해온
우편 서신의 전문을 길게 인용하고 있다. 이 편지에는 곧 '혈육이
퉁겨지고 간뇌가 뒹구는' 치열하고 맹렬한 전투 현장이 생생하
게 기록되어 있는 것이다. 그런데 이 서신의 필자는 "무역 때문에
월남에 가서 우연히 싸움을 구경하게 되었다"고 말하면서도, 이
미 프랑스에 대한 선입견과 불만을 거침없이 노출하고 있는 소
위 편견을 가진 서술자, 전달자라는 점이 흥미롭다.

프랑스는 유럽에서 웅대한 나라로 민속이 한용(사납고 용맹함)
하고 군사가 정예하며, 화기가 양호하고 병선이 견고하여,
누가 보아도 감히 맞설 자가 없다. 이에 강한 세력을 믿고
세계를 호시탐탐 사방의 이웃나라를 마치 누에가 뽕잎을 먹고
고래가 물을 삼키듯이 마음대로 석권하여 욕심을 채우려다가
이미 유럽을 요리할 수 없게 되자, 다시 먼 바다 밖까지 손을
뻗쳐 이를 병탄하고 통치하려 한바, 멀리 월남을 도모하는 데
수십 년 전부터 마음을 기울이다가 그 허점을 이용하여
풍전風電처럼 진격해 왔으니, 그들의 안중에는 월남을 무시한 지

이미 오래이다.

프랑스는 사납고 맹렬하며 유럽은 물론 세계 각지에서 "마치 누에가 뽕잎을 먹고 고래가 물을 삼키듯이" 호시탐탐 영토 확장의 욕심을 채우려 혈안이 되어 있다고 표현된다. 현재 벌어지고 있는 전쟁의 실제 상황과 무관하게 프랑스라는 나라 자체가 비난받아 마땅한 나라라는 식이다. 사실 소문이나 비방, 유언비어 등은 대치하는 양 진영의 정보전쟁의 산물로서 전쟁의 중요한 한 축을 담당하고 있다는 점을 간과할 수 없다.《한성순보》4호에 실린 위 기사는《호보》를 원 출처로 하여 가져온 것이다. 이 기사는 '월남 전쟁에 대한 기사는 모두 소문'이며 그 소문 중 상당수는 프랑스 측의 거짓 정보라는 점을 강조한다. 반면 자신들의 정보는 종군하여 목격한 사람에게서 직접 입수한 것이므로 자세하고 정확하다는 확신을 자신 있게 내보인다.

프랑스 측으로부터 흘러나오는 소문들, 특히 프랑스가 승리했다는 소식은 모두 "프랑스의 농간에 의한 헛소문"이라는 진술은 적국 프랑스에 대한 적대감의 표현이자 또 다른 여론전으로 이해할 수 있다. 그러나 이러한 적대감은 종종 프랑스인들의 민족성과 자질 자체에 대한 공격으로 나타난다는 점을 확인하게 된다.《한성순보》에는 중국과 프랑스의 이러한 적대 관계로 인해 불가피하게 프랑스에 대한 부정적인 표현과 묘사가 빈번하게 나타나 있다.

"교활하고 잔인한" 유럽의 천덕꾸러기

프랑스는 19세기 전반에 이미 중국에 발을 들였던 영국보다는 한발 늦게 인도차이나와 중국을 넘보기 시작했다. 상해에 영국 조계(영국인 거류지)가 설치된 것은 1843년의 일이고 몇 년 뒤인 1848년에 프랑스, 미국이 영국 조계 바깥의 일부 지역을 점유하기 시작했다. 따라서 이미 노른자 지역에 영토를 선점하여 제도와 인프라를 장악하고 있던 영국에 비해서는 열세에 놓여 있는 형편이었다. 프랑스는 영국과 마찬가지로 인구의 급증을 빌미로 조계지역을 점차 넓혀 나아가긴 했지만 중국에 대한 영향력은 의도만큼 크게 확장하지 못했다.[31] 19세기 말 청과 프랑스가 본격적으로 부딪친 것은 중국의 오랜 속방이었던 월남을 접수하려는 프랑스의 야욕과 거친 공세 때문이었다. 그리고 프랑스의 욕심은 월남을 넘어 더 북쪽으로 향하기 시작했다.

프랑스와의 갈등이 점차 깊어지면서 당시 중국 신문들이 프랑스인들을 기술하는 방식은 점차 과격해지며 표현의 수위 또한 높아졌다. 그리고 이러한 표현들은 걸러지지 않고 《한성순보》의 지면에도 수록되었다. 개항 이후 1880년대부터 문명의 패러다임이 점차 이동하고 중국 중심의 화이관이 약화하는 경향도 있긴 했지만 아직은 조선시대였다. 청의 권위에 적대적이고 위협적인 프랑스는 조선 쪽에서 보더라도 결코 곱게 봐주거나 지지할 만한 상대가 될 수 없었다. 프랑스에 대한 혐오의 표현들이 《한성순보》에 고스란히 전해진 것은 가능한 다양하고 많은 기사들을

114

충실히 수집하고 수록했기 때문이기도 하지만, 애써 걸러내야 할 이유 역시 없었기 때문이다.

4호의 '각국근사'에 첫 번째로 수록된 「반당은 의당 토벌되어야 함[叛黨可誅]」이라는 기사는 "아시아주 사람들이 프랑스에 대해 모두 분노가 치밀어 치를 떠는 실정"이라며 분개하는 한 중국인의 기고문이다. 그가 치를 떠는 이유는 프랑스가 아시아 각지에서 심지어 월남과 중국까지 가리지 않고 자신들의 전쟁에 이용할 앞잡이들과 용병들을 돈을 풀어 모집하고 있기 때문이다. 12호(1884년 1월 21일)에도 이러한 프랑스의 계책을 비난하는 기사가 보인다. 프랑스가 버마와 태국 등 동남아시아 지역에서 병사들을 모집하는 데 열을 올리고 있는데 "그 꾀가 교활하고 잔인하다"는 것이다.[32] "죽는 사람은 오로지 다른 나라 사람이고 이익은 프랑스인이 독차지하려는 것"이기 때문이다. 프랑스 사람들이 교활한 것은 "과장이 심하고 거짓을 일삼기" 때문이기도 하다.[33] 이뿐만 아니라 프랑스인들은 호시탐탐 공격할 기회를 노리는 "심보를 예측하기 어려운" 존재들이기 때문에 대응하기가 쉽지 않다고도 말한다.[34] 그러니 아무리 이쪽에서 진실로 대하고 예를 갖춘다 해도 "그 우쭐대는 심보에 한결같이 자기들이 제일인 척하니 밉살스럽고도 가소로울 뿐"이라는 것이다.[35]

그런데 이 기사들은 중국이나 아시아에서만 프랑스인들을 눈엣가시로 보는 것이 아니라는 점을 강조한다. 프랑스가 안하무인 격으로 세계 여러 나라들 앞에서 드러내는 탐욕과 행패는 만국이 용납하지 않으리라는 것이다.

프랑스가 월남과 타이완 등지를 먼저 침략해 놓고 중국에게
배상을 요구하니 온 나라가 미친 듯이 심하게 군다. 만일 실제로
그러한 일이 있게 된다면 만국이 용납하지 않을 것이다.[36]

프랑스인은 이리의 탐욕을 품고 제멋대로 재앙을 부리며 남의
영토를 누에처럼 갉아 먹을 심사로 각국을 시끄럽게 어지럽히니
실로 만국 공법에 용납되지 않는 행위이다[37]

만국공법도 우습게 아는 무뢰한이자 영국, 독일을 비롯한 유
럽 대부분의 나라와 불화를 빚는 프랑스는 유럽의 천덕꾸러기로
표현된다. 제국주의 열강 가운데 프랑스가 유독 이러한 박한 대
접을 받게 된 것은 프랑스가 인도차이나와 중국을 넘보기 시작
하면서 아시아 국가들뿐만 아니라 영국, 독일 등 다른 열강들과
도 불화를 빚게 된 1883~1884년이라는 특수한 시점 탓이라고도
할 수 있다. 이 시기는 프랑스가 마다가스카르를 침략하면서 영
국뿐만 아니라 이탈리아, 독일 등 다른 유럽 국가들과의 불화가
고조된 때이기도 하다. 불과 이십여 년 전까지 1, 2차 아편전쟁으
로 중국을 공략하고 강제로 개항하게 했으며 조계지를 설치하고
홍콩을 할양 받은, 과거의 적이었던 영국에 대해서는 이러한 격
한 논조를 거의 찾아볼 수 없기 때문이다. 그리고 이에 더해서 상

해, 홍콩의 신문들 가운데 월등한 정보력과 정보망을 가진 《자립서보》 등의 각종 영자신문들과 영국의 수도 런던을 근거로 하여 전 세계에 정보를 실어 나른 로이터통신이 이 시기 제국-식민지 담론 형성에 영향력이 컸다는 사실 또한 이러한 논조를 부채질하며 확산시킨 요인으로 지적할 수 있다. 제국주의 시대, 영토 확장에 너나 할 것 없이 열을 올린 제국들 간에 불화가 없다면 그것이 더 이상한 일이었을 터인데도, 이러한 여러 사정들로 인해 1880년대 아시아와 조선에서 프랑스는 최대의 적이자 공공의 적, "전쟁 도발의 괴수"[38]이자 "유럽의 재앙"[39]이 되었다.

물론 이러한 프랑스에 대한 일방적이고 부정적인 표현들은 1880년대 전반기 프랑스와 중국의 충돌이 낳은 예외적인 사태라고 보아야 한다. 1885년 중국이 월남에 대한 프랑스의 우위와 권리를 인정하고 청의 패배로 청불전쟁이 끝난 뒤부터는 여론 조성을 위해 동원된 이러한 격한 감정과 앙금은 차차 해소되었다. 조선에서도 교통과 통신 인프라가 더욱 개방적으로 변화하면서 점차 더 많은 정보가 유통되기 시작했고, 안팎의 교류가 증가하면서 정보의 편중이나 왜곡이 줄어들 수 있는 환경이 마련되기 시작했다. 무엇보다 당시의 조선의 입장에서는 세계를 호령하는 이들의 힘의 원천이 단지 무력이나 공격성에만 있는 것이 아니라는 점, 배격할 것보다는 배울 것이 훨씬 많다는 점을 시급히 받아들여야 했던 것이다.

3장

오랑캐에서 문명국으로, 우리가 발견한 유럽

세계사에 대한 관심과 구한말의 유럽 인식

　애초에 세계 그리고 유럽 열강에 대한 앎이 주로 지도와 문헌 중심으로, 둥근 지구 위에 펼쳐져 있는 다른 땅, 즉 이역의 지리지를 위주로 시작되었다면, 이후에 중요해진 것은 서양 역사서들의 전래와 편찬이라고 할 수 있다. 역사서는 다른 땅에 세워진 국가들과 왕조들 그리고 정체에 대한 통시적인 이해와 함께 그 지역의 문화와 문명을 이해할 수 있는 핵심적인 길잡이로 받아들여진다. 그리고 이 지식은 우리가 새로이 세워야 하는 문명, 국가, 정체를 꿈꾸고 구상하는 데에도 중요한 길잡이로 여겨졌다. 《한성순보》에서도 호마다 세계 각국의 지리, 역사 그리고 과학 지식들이 빠지지 않고 수록되었는데 이러한 각각의 단편들은 뒤이어 책으로 발간되기 시작한다. 1886년 박문국에서 발간한 『만국정표』는 조선과 중국에 대한 내용을 제외하고는 영국에서 간행된 정치연감을 이노우에 가쿠고로가 번역한 것으로 알려져 있다. 여기에는 각국의 정치·종교·교육·재정·병제·면적·인구·통상·공업·화폐·역서曆書 등의 내용이 순한문으로 빼곡히 담겨있다.

조선에서 서양 역사책들이 본격적으로 간행되기 시작한 것은 주로 대한제국 시기, 즉 20세기가 임박한 1890년대 후반부터이다. 당시에는 청에서 간행된 서양의 역사서, 지리서가 곧바로 청나라에 다녀온 사신들(연행사)과 선교사 등 인편을 통해 조선으로 전달되었고, 조선 정부에서 이를 재간행하거나 번역, 편찬했다. 예컨대 1880년 영국의 로버트 맥켄지가 쓴 근대사 교과서인 *The 19th Century: A History*는 1895년 상해에서 『태서신사람요』라는 제목으로 한역되어 나왔다. 영국 선교사 티모시 리처드가 구술번역한 것을 청의 학자 채이강이 옮겨 적었다고 한다. 이것이 조선에서는 1897년(건양 2) 학부 편집국에서 한문본과 한글본(언해본) 두 가지 종류로 간행되었다.[1] 학부는 1894년 갑오개혁 이후 교육을 담당하는 부서로 만들어진 곳인데, 당시 새로운 근대 지식의 수용과 보급을 위해 여러 교과서를 목활자로 간행하였다.

이렇게 청을 통해 입수한 외국 서적의 한문 번역본을 중역한 경우 이외에도 조선에 들어온 선교사가 지은 책을 한문 또는 한

글로 번역한 책, 외국인의 도움을 받아 학부에서 직접 간행한 책 등이 있다. 전자의 예로 미국인 선교사 호머 헐버트가 지은 세계 지리서 『사민필지』는 1889년 한글본 초판이 나왔는데 몇 년 뒤인 1895년(고종 32)에 한문으로도 번역하여 간행했다. 교과서로 사용될 목적으로 쓰였기에 우리나라를 기준으로 해 각국을 서술했다는 특징이 있다.[2] 후자, 즉 학부에서 직접 간행한 서적으로는 1895년 세계 지리 교과서로 일본인 다카미의 도움을 받아 간행한 『소학만국지지』, 1896년에 국한 혼용으로 쓰인 『만국약사』가 있다. 이들은 우리나라 최초의 지리교과서, 세계사 책으로 일컬어진다. 『만국약사』는 지구상의 오대양 육대주에 대한 전체적인 이해와 함께 민족, 인종에 대한 이해, 세계 각국의 역사에 대한 간략한 소개로 이루어져 있어서 입문서 격이라 할 수 있다.

　흥미롭게도 또는 당연하게도 역사서마다 저자가 누구인가, 편찬 목적이 무엇인가, 어떤 독자를 대상으로 한 것인가에 따라 확연하게 서술 방향, 내용 구성 등이 달라지게 마련인데, 당시의 역사서에서도 이를 쉽게 확인할 수 있다. 영국인이 저술한 19세기 역사 『태서신사』는 첫 부분을 프랑스혁명과 나폴레옹 전쟁으로 시작하여 이후 전체 분량의 절반가량을 영국사 서술에 배당하고 나머지 절반을 프랑스, 독일, 오스트리아, 이탈리아, 러시아, 미국, 터키, 가톨릭 교황에 대한 설명으로 채우고 있다. 19세기를 영국의 세기라고도 할 수 있지만 이러한 구성은 저자가 영국인이라는 점과 무관하다고 할 수 없을 것이다. 한편 일본인 노무라龍

峯野野村가 집필했다는 발문이 붙어 있는『만국약사』의 경우 세계사 개설서이긴 하지만 "일본만이 서구 열강과 대적할 수 있는 나라"이며 아시아 여러 나라들의 역사를 기록하는 것은 "세계의 망국사를 기록하는 것에 다름 아니라"는 서술 등에서 일본인 집필자의 역사관과 현실인식을 읽을 수 있다. 학부의 편집국장 이경직은 "경세經世의 포부를 가진 선비들이 세계만국의 긴요한 일을 알아서 개명"해야 함을 역설하기 위해 이 책을 편찬했다고 그 목적을 밝혀놓았다.[3]

　1900년대, 즉 1910년 한일병합 이전까지 세계 각국의 역사서를 번역하여 소개하는 것은 한말 지식인들의 가장 중요한 활동이자 의무였다. 특히 개화한 문명국들이 세계질서를 쥐락펴락하는 상황에서 독립국으로서의 지위를 잃지 않고 문명국의 대열에 진입하기 위해서는 저들의 문명과 과학을 배우는 길이 가장 중요한 또는 유일한 통로라고 믿었기 때문이다. 이 시기의 대표적인 세계사 서적으로 현채의『만국사기』(1905)와 장지연의『만국사물기원역사』(1909)가 있는데, 특히 장지연의 책은 동서양을 넘나들며 세계 만물의 기원을 망라한 백과사전적 저술이다.[4] 그렇다면 당시의 조선 지식인들은 유럽과 유럽의 여러 국가들에 대해 어떻게 접근하고 또 받아들이고 있었을까?

　독립을 유지하는 차원을 넘어서서 존망의 기로에 선 조선은 동학농민전쟁과 청일전쟁(1894)을 거치면서 고조된 위기의식을 갑오개혁(1894~1896)과 대한제국의 수립(1897)으로 돌파하려 했다. 그러나 제도의 개혁만으로는 이룰 수 없는 일이 있었다. 즉 이 나라 젊은이들과 미래의 주역들을 일으켜 세우는 일이었다. 그들이 새로운 사상과 행동으로 패배주의를 딛고 새로운 문명을 건설하는 일이 우선이었다. 유럽 민족이 세계에서 우세해진 원인을 딱 하나 꼽는다면 바로 진취적인 모험의 정신이라고 본 한 지식인은 우리 청년들이 이 모험과 진취를 실행할 수 있느냐 하는 점에 국가의 전도가 달려 있다고 역설했다.⁵ 이때 특히 중요한 모델이 된 것이 바로 '우강한 구주 민족', 즉 이탈리아와 미국(합중국)인데, 청년들의 의기를 바탕으로 각각 "오지리(오스트리아)와 영길리의 속박을 벗어나 자유평등의 이상적 국가로" 거듭났기 때문이다.⁶ 여기에는 유럽 역사, 특히 근세사에 대한 이해를 밑거름으로 하여 우리 청년들을 "북미의 건아와 이태리의 열사"와 동일시하고자 하는 욕망이 깔려 있다.

이렇게 독립과 통일을 쟁취한 미국과 이탈리아를 조선(대한제국)이 나아가야 할 길을 제시해주는 최고의 모델 국가로 삼는 한편, 구미 각국의 현재를 있게 한 대표적인 "모험진취의 영웅들"을 하나씩 불러내며 우리 청년 동포들이 영국의 크롬웰, 미국의 워싱턴과 링컨, 프랑스의 나폴레옹, 이탈리아의 마치니처럼 되기를 희망했다. 이들은 "후세의 역사가들이 숭배하지 않는 이 없을" 인물들로 칭송의 대상이 되는데, 이러한 모험과 용진勇進의 정신만이 "세계생존경쟁이 최극최열最極最熱하야 호시탐탐하는 대무대에 고립"한 조선을 구할 수 있다는 것이다.⁷ 이렇게 '조선을 구하기 위한' 최강의 모델들을 불러내다 보니 편의에 따라 때로는 논조에 따라 역사성이 달리 부각되는 경우도 생긴다. 즉 영국은 때로는 독립 자주국인 미국을 엄청난 세금으로 억압하고 괴롭힌 식민제국인 한편, 가장 진보를 잘 한 나라로서 "해외에 분진하야 식민지 개척의 업을 세운"[8] 나라이기도 하다. 결과적으로 선진 문명의 발달과 개척 정신은 영국에서 배우되 독립 자주의 정신은 미국에서 배워야 한다는 것이다. 이러한 논리가 모순 없이 양립할 수 있는 것인지에 대한 물음은 당시로서는 중요하지 않았다. 강자들의 우승 논리는 제각각이며 또 모두 나름의 강점으로 '천하대세'를 이룬 것이므로, 이 모든 것이 우리가 경계하면서 또 전면적으로 숙고하고 흡수해야만 하는 대상이었기 때문이다.

대개 십륙세기 이래로 구주의 화려한 문명이 점진하야 금일
세계의 지평적 문명을 이룸은 자연한 결과가 아니라 사백 년 전
아미리가주(아메리카)의 발견과 이백 년 전 호주의 발견으로
구주 각국의 식민경쟁이 성행한 결과가 만든 것이로다.
그 정략이 금일 구주 제국의 국권국리를 도덕적 수단으로
확장하는 묘계妙計에 있기에 영국은 자국의 문명을 외국에
수출하며 불란서는 자국어를 타국에 전파하며 독일은
자국 학술을 세계에 보급케 하는 결과로 아불리가주의 광대한
토지를 각각 분례점령하는 중 소강국 서반아 포도아 화란 등
국가의 영지가 있으며 호주와 북아미리가주에는 영길리의

일대지국을 조직함에 이르러 생리生利(생활에 필요한 물자나 방법)를

수입하며 문명을 수출하야 영구적 일대지국을 이룩함은

노력적 소비적인 소득이 아니라 도덕적 수단에 있다

이를지며[9] (현대어 풀이)

위의 글은 동경 유학생들이 조직한 유학생 단체 '대한학회'(1908)의 학회지《대한학회월보》에 실린 글이다. 이 글은 세계를 제패한 유럽 문명이 아메리카와 호주의 발견과 식민지 경쟁으로 시작되었는데, 그 여러 국가들이 저마다 다른 수단과 묘계를 가졌다고 지적한다. 영국은 "자국의 문명을 외국에 수출하고", 프랑스는 "자국어를 타국에 전파하며", 독일은 "자국 학술을 세계에 보급하는" 등의 도덕적 수단으로 세계를 제패했다는 것이다. 영국은 문명, 프랑스는 언어, 독일은 학술이 제일이라는 공식이 여기에 등장한다.

이처럼 각국은 저마다의 특장점을 갖고 있는 동시에 부강한 나라로서 갖는 공통점이 있었다. 당시의 논자들이 이들의 역사에서 추출해낸 공통점은 크게 두 가지로 수렴되는데, 하나는 과학(격치학)의 발달이고 다른 하나는 '자주독행自主獨行의 인민', '인민의 지혜[民智]', 즉 깨어난 백성들의 힘과 지력이다. 이 둘이 만나는 지점이 바로 근대 교육, 일반 교육이며, 이러한 인식은 개화계몽기라고도 불리는 이 시기에 '교육만이 구원의 길'이라는 명제가 성립되는 배경이 된다. 세계에서 학생 이천 명 이상이 있는 대

학이 유럽에만 수십여 곳 있다든지,[10] 영국 내에서는 십만 명에 이르는 과학자가 함께 토론하고 실행한다든지[11] 하는 내용들은 곧 열강의 저력을 어마어마한 수치로 실감하게 하려는 실례라 할 수 있다. 통계 수치, 수량 비교를 통해 국민국가들을 서열화하는 것은 당시 열강의 국력을 파악하는 가장 중요한 척도여서 군사력이나 군비 비교, 재정 상태의 비교와 같은 것은 언제나 중요한 뉴스가 되곤 했다.[12]

민지, 즉 국민들의 슬기와 지혜는 인도와 중국과 같은 아시아의 대국들이 쓰러지고 영미법덕과 같은 구미의 국가들이 흥하게 된 핵심 요소로 받아들여진다. 그런데 국민 개개인이 아무리 지혜롭더라도 그것이 모여서 결사, 통일을 이루지 않으면 소용이 없다. 나라의 부강과 문명의 정도는 '민회'가 존재하는지 그리고 그것이 활발하게 작동하고 있는지 여부에 달려 있다.

> 그 나라 부강의 기초와 문명의 정도는 민회가 잘되고 잘되지
> 않는 데 있는 것이올시다. 만일 민회가 진흥하면 그 나라가
> 무궁한 복락을 누리고 민회가 쇠퇴하면 그 나라는 기필코
> 망하나니. 져 영미법덕을 보시오. 무상無上한 부강국된 것은 다
> 민회가 흥왕한 까닭이오. 애급(이집트) 파란(폴란드)이나
> 유태월남이 혹 종사가 구허되고 혹 종족이 멸망된 것은 민회가
> 서지 않은 연고올시다. (…) 이태리나 미국으로 말할지라도
> 국민의 일심단합력이 아니면 능히 법란서와 영길리의 속박에서

벗어나서 소년 이태리라 합중국이라 하는 독립 이름이
있었겠습니까. 동양 저 일본이라도 일심 하나 있기로 청과
러시아 양국의 막강한 병력을 전첩戰捷한(전쟁에서 승리함)
것이올시다.[13] (현대어 풀이)

단체가 성립하지 않으면 민지가 아무리 높고 국재國財가
아무리 부유하고 국토가 아무리 넓을지라도 가망이 없는 것이다.
대저 독일 같은 나라는 보오전쟁(1866, 프로이센-오스트리아 전쟁),
보불전쟁(1870, 프로이센-프랑스 전쟁)에 임함에 있어 사왕국
육대공국 오공국 칠후국 삼자유시부 이십오방을 연합하여
국내에 평화적으로 통치한 결과 금일 세계의 일대강국의 단체를
성립시켰거늘 아한我韓은 일군의 혈족으로 이천만 인구에
달하여 단체범위 외에 분리함은 어쩐 연유이며 어찌 변할
것인가.[14] (현대어 풀이)

다시 말해, 단체를 이루지 못하면 민지가 아무리 발달하고 재
정이 아무리 부유하고 국토가 아무리 넓어도 가망이 없다. "영미
법덕이 흥함은 민회가 흥왕한 까닭"이고 "이집트, 폴란드, 유태,
월남이 망한 것은 민회가 서지 못했기 때문"이다. 이탈리아와 미
국의 독립도 국민의 '일심단합'이 이루어낸 것이 아닌가.
　여기서 독일이야말로 민지와 부강이 한데 연합, 통일을 이룬
가장 대표적인 국가로 지목되고 있는데, "이는 곧 이천만 혈족이

분열되고 흩어진 우리 대한의 본보기"가 되기 때문이다. 구한말부터 학회라는 이름으로 수많은 결사들이 조직되고 또 통합을 추진했던 배경에는 이렇게 민지의 합일을 이루는 것이 급선무라는 인식이 있었다. "대한의 이천만 인심이 각기 흩어져 어둡고 몽매한 지위에 스스로 떨어지고 야만의 명칭을 면하지 못하게 되었으니, 우리도 그들처럼 계몽, 개화하여 문명인의 지위에 오르기 위해서는 백성의 힘이 한데 모여야 한다." 이는 19세기 이래 전 세계적으로 확산된 '유럽의 기적'[15] 이론, 즉 유럽의 역사적 우월성을 앞세워 식민지 지배를 정당화하는 논리가 조선에까지 고스란히 영향을 끼치고 있음을 보여준다. 하지만 이러한 문명과 개화의 담론, 유럽 중심의 우승열패의 논리가 가진 역설과 모순을 깨닫는 데는 그리 오래 걸리지 않았다. 조선이 유럽식의 제국주의 논리로 무장한 일본에 의해 식민지로 전락하는 것을 피할 수 없게 된 현실 앞에서, 이를 객관적으로 상대화하고 또 비판적으로 보려는 시선과 목소리 또한 높아지게 된다.

새로운 문명의 향방과 유럽이라는 모델

당대의 지식인들이 서양 각국의 역사와 내력을 살펴보건대, 유럽의 우수한 문명국들은 저마다의 특징과 강점에 맞는 각자의 문명을 건설하고 이를 널리 전파했다. 즉 국민의 주된 성격[主

性]에 따라 그 문명과 발달이 결정된다는 것이다. 따라서 한국이 장차 어떠한 문명국이 될 것인가를 묻고자 할 때, 이들과 우리 자신에 대한 이해가 무엇보다 필수적이다. 일제강점기 언론인 문일평이 쓴 「한국의 장래문명을 논함」이라는 글은 당대의 수준에서 구미 각국의 핵심을 어떻게 이해하고 있는지를 간결하고 명확하게 보여준다.[16]

> **영국**은 해상권을 장악하야 해외에 다대한 식민지를 개척했고
> **미국**은 자주자유의 권을 익익발달하야 완전한 공화국체를
> 조직했으며
> **덕국**은 과학과 정치로써 세계에 독보적이고
> **불국**은 인간적 사상과 감정으로써 우내에 광포廣布하니
> 이는 기 국민의 고유한 특질을 인하야 문명의 취趣가 각이한 바라.

이 글은 영국을 대제국의 나라, 미국을 공화국의 나라, 독일을 과학과 정치의 나라, 프랑스를 인문주의와 예술의 나라로 명쾌하게 정리한다. 여기에는 국민 각각의 고유한 특질에 따라 문명의 색깔이 달라졌다는 인식이 깔려 있다. 이 글은 우리 역시 우리 국민만의 특질을 바탕으로 새로운 문명을 이룩할 수 있다는 기대감을 나타낸다. 일본은 유럽의 열강 국가들을 모델로 삼아 제국주의로 나아갔지만, 우리는 우리만의 문명국을 건설할 희망이 있다는 것이다. 1907년의 글이니 을사조약(1905)으로 외교권

을 뺏기고 통감부가 설치되어(1906) 보호국으로 전락한 시점이지만, '새 문명'에 대한 희망이 완전히 사라진 것은 아니다. 지난 왕조는 망하고 국가는 비록 사라질지라도, 문명은 세워 일으킬 수 있으리라는 희망, 새 문명의 창조를 바탕으로 다시 시작할 수 있다는 희망이었다. 이 글에서 이러한 앎과 고민을 바탕으로 우리 민족의 지향점으로 삼은 것은 '만국의 평화를 위한 문명'이었다. 우리 민족의 기질과 특성으로 볼 때 세계의 평화를 지키고 확산시키는 것이 가장 적합한 문명의 방향이라는 것이다.

> 우리 국민이 윤리사상에서 가장 풍부함은 세계가 모두 인정하는
> 바이다. 이러한 고유한 특질로서 일체 권모술수는 버리고
> 일시동인一視同仁의 천의天意를 체화하여 하늘의 대명으로 세계의
> 옳지 못한 길〔橫道〕을 쳐서 끊어내고 만국 안전의 방침을
> 강구하여 평화의 열쇠를 지키는 것이, 즉 우리 국민의 특질에
> 적합한 것이다. (…) 우리나라 삼천리 강역은 부패한 세계에
> 유독 빛나니 이러한 빼어나게 아름다운 산천풍토에서 길러지고
> 자라나 군신 부자 부부 형제 붕우의 도가 바른 우리 국민은
> 정의와 공도公道의 신성한 칼로 사욕이 넘치는 도적들을
> 배제하고 소탕하며 미약한 것은 이끌어 도와주고 교만한 것은
> 눌러 넘어뜨려 청천백일하에 세계의 사심을 근절하고 스스로
> 도덕상의 제왕이 되어 천지 대도大道를 스스로 내보이며
> 만국국민을 깨우쳐야 한다. (현대어 풀이)

우승열패의 제국주의 시대를 돌파하고 또 그것이 만든 적대적 세상을 해소할 우리의 힘으로 도덕적 강점을 앞세운 평화를 내세우는 것은, 풍전등화인 조선의 지식인이 내세운 슬로건 치고는 지나치게 도학자적인 것으로 보이기도 한다. '군신, 부자, 부부, 형제, 붕우의 도가 바른 국민'이라는 삼강오륜까지 들먹이고 있으니 시대착오적으로 보일 법하다. 이는 일찍이 약소민족의 독립과 안전을 보장할 수 있는 강력한 대안으로 중립화론이 등장했던 것을 떠오르게 한다. 이미 19세기 초 중립국 지위를 보장받은 스위스와 같이 개항 이후 조선도 중립국이라는 포지션을 할당 받을 수 있다는 아이디어가 여러 차례 불거졌던 적이 있기 때문이다.[17] 종주국을 자처하는 중국(청)으로부터 조선을 떼어내기 위해 일본, 러시아, 독일 등 열강들로부터 나온 논리이기도 했지만, 조선 내부에서도 고종, 유길준 등 영세중립국화를 조선의 살길로 제시한 이들이 있었다. 그런데 무엇보다 이 글에서 가장 의미심장한 대목은 현재의 세계가 사욕과 사심으로 가득한 "부패한 세계"라는 것, 조선은 세계가 옳지 못한 길로 가는 것을 막고 깨우칠 도덕적 대의가 있다는 것이다. 세계를 쥐락펴락하는 유럽의 열강들은 찬란한 문명과 지혜로운 인민들을 가지고 있다. 그러나 그들은 또한 세계 만국을 부패와 탐욕의 길로 밀어 넣은 장본인들이기도 하다. 조선은 이 두 가지를 똑같이 절실하게 직시해야만 살아남을 수 있다는 인식이 초보적이나마 이 글에 배어 있다.

한편 근대 유럽의 여러 국민국가들 각각의 국민성은 서로 차별화되는 특징을 형성하고 있어 개별적인 접근이 필요하지만, 유럽을 점유해온 주요 민족들에 대한 이해 역시 빠질 수 없는 주제이다. 즉 각국의 사정을 알기 위해서는 그 나라의 역사와 문화를 알아야 하는데 우선 민족 특성에 대한 연구가 선행되어야 한다는 것이다. 일제강점기 독립운동가로 활동한 유병민이 쓴 「구주의 인정人情」이라는 글을 보자.[18] 이 글은 남부 유럽의 라틴 민족과 북서부 유럽의 튜턴 민족의 특징이 결국 국가의 풍습, 문명, 미래까지도 좌우한다는 결정론적 입장을 보여준다.

〈라틴 민족〔羅甸民族〕〉
구주남방 제국은 기후의 온화와 공기의 청수淸透와 화조花鳥의
우염優艶한 제반 외물外物의 감화感化가 자연히 인민을 소설적
희곡적으로 소양하여 로마〔羅馬〕의 문화를 전파함에 이미 양호한
전지田地를 만들었다가 홀연 로마문화를 수입하게 되었으니 그
인정, 풍속, 종교, 정치, 제조품에 라틴, 즉 로마풍이 있는 것이
괴이한 일이 아니다. 따라서 이 민족 제국諸國의 인정은 부화경박
하고 사치나타奢侈懶惰하니 불란서의 부화와 서반아의
사치나타가 꼭 그러하다.

라틴 민족으로 구성된 유럽 남부 국가들은 온화한 기후에 로마 문화를 근간으로 하여 로마풍의 화려하고 사치스러운 풍속

을 가지게 되었다. 따라서 종교 또한 장엄한 의식과 장식품의 화려함을 애호하여 천주교를 신앙하며, 생필품보다도 사치품, 장식품, 유행품 등을 주산물로 생산한다. 따라서 프랑스가 실속 없이 겉만 화려한 것도, 스페인이 사치하며 나태한 것도 다 그러한 민족적 특징으로 말미암은 것이다. 라틴 민족에 속하는 스페인과 포르투갈이 한때 광대한 영토를 점유하였지만 결국 실패하고 부진한 것 또한 같은 이유이다.

〈튀톤 민족〉
기후가 한랭하여 생물의 발육이 지완遲緩하고 물산의 종류가
역시 적다. 따라서 인정은 인내, 면강, 질박, 절검하며
생산경제에 노력하여 그 의장意匠도 자연히 수리적으로
소양하여 라틴민족의 소설적 유희적 소양과 상반하며 (…)

영국, 독일, 네덜란드, 덴마크, 스웨덴 등이 속하는 튜턴 민족은 한랭한 기후 덕에 자연 생산물이 풍부하지 않은 대신 인내심과 근면함, 질박하고 검약한 인정을 가져 경제적 생산에 주력한다. 즉 문학적이고 유희적인 라틴 민족과 모든 면에서 상반된다는 것인데, 이러한 차이는 나아가 각국의 식민지 경영의 차이를 낳은 원인이 되었다고 본다. 즉 라틴 민족의 식민정책은 귀족적, 장식적이나 튜턴 민족의 식민정책은 평민적, 영업적이므로 전자는 비용이 많이 들고 후자는 이익을 많이 거둔다. 당연히 그 실익

에서 차이가 크며 "라틴 민족의 식민지는 쇠미부진하나 튜턴 민족의 식민지는 일진월취"할 수밖에 없다는 해석이다. 지리적 위치 및 기후가 민족적 기질 및 성정을 결정하고, 민족적 특징이 종교나 정치 체제의 선택에도 밑바탕이 됨은 물론 식민지 경영에서 성패를 가른 원인이라는 것인데, 이러한 일관된 결정론적 사고는 어디서 비롯된 것일까?

조선보다 일찍 개항하고 메이지 유신을 통해 일찍 근대 체제로 탈바꿈한 일본은 비스마르크의 독일을 모델로 하여 강한 근대국가를 건설하고자 했다. 그런데 일본이 서양에서 모델로 삼은 것은 단지 독일만이 아니라 서양 각국의 강점들을 취사선택하여 받아들였고, 이를 한데 결합하여 아시아의 패권 국가가 되는 바탕으로 삼았다. 즉 일본은 독일(프로이센)의 헌법과 영국의 강한 해군, 프랑스의 교육 시스템 등 우수한 선진 문명을 자국에 이식하려 했다.

유럽의 각 나라들이 저마다 세계 최고의 강점을 지니고 있다는 생각에서 시작된 유럽 각국에 대한 개별적인 접근은 이제 '국민성'에 대한 관심으로 나아가게 된다. 각 나라가 저마다 다른 장점을 갖게 된 것은 서로 다른 민족성을 가지고 있고 또 그 바탕에서 각기 새로운 국민성을 창조해냈다는 믿음 때문이다. 기후, 풍토, 전통, 민족 등 지리적·자연적 조건은 바꾸거나 개조할 수 없는 것이므로 현재 형성된 강력한 국민국가의 특성을 본받으면 된다. 즉 국민을 개조하고 새로 만들어내면 된다는 것, '국가를 이루는 초석으로서의 국민' 그리고 '국가를 만드는 힘으로서의 국민'이라는 관념이 후발 근대 문명국이 붙잡을 수 있는 한 줄기의 강력한 희망으로 떠오른 것이다.

사실 다양성과 개별성의 가치를 존중하는 것을 미덕으로 여기는 현대인들로서는 민족성이나 국민성을 내세우는 것이 시대착오적으로 보이는 면이 있다. 또한 그것이 일반화의 오류에 빠지기 쉽고 어떤 현상이나 결과를 국민성 탓으로 돌리는 환원론으로 수렴되기 쉽다는 것을 알면서도, 프랑스인들은 대체로 어떠하다, 일본인은 대체로 어떠하다 하는 식의 통념을 쉽게 거부하지 못하는 것이다. 그런데 이는 단지 선입견이나 편견 때문만이 아니라, 오랜 시간 축적되어온 지식, 경험, 담론이 복합적으로 작용하여 만들어낸 것이라고 할 수 있다.

국민성이 국가의 운명과 장래를 결정한다는 생각이 19세기 후반 제국주의 시대에 서양은 물론 동아시아에까지 팽배해지면서 근대의 후발 주자들인 동아시아 국가들이 국민성의 형성과 개조, 건설에 특별한 관심을 기울인 것은 자연스러운 수순이었는지도 모른다. 이광수가 「민족개조론」을 들고 나온 것이 1920년대이고, 일찍이 중국에서도 량치차오나 루쉰이 청년 시절부터 국민성을 개혁하는 문제에 골몰해왔다.[19] 새로운 사회, 국가, 문명을 만드는 것은 새로운 국민이고 바로 그 생생한 실례로서 눈앞에 나타난 것이 서양의 근대 문명국가들이었다. 즉 서양 국민국가들의 국민성을 논하는 것은 곧 우리의 국민성을 밝히고 세우기 위한 전제 조건이었던 셈이다.

각국 국민성에 대한 인식과 그 부침浮沈의 역사

국민성 논의는 20세기 벽두부터 시작해 1920년대까지도 한
국과 중국, 일본에서 꽤 흔하고 인기 있는 주제였다. 1926년 잡지
《동광》에 게재된 「영미법덕 국민성의 비교」라는 글을 보자. 상해
임시정부에도 관여한 적이 있는 박현환이 쓴 이 글은 "국가 발전
의 원기는 그 국가의 주인 되는 국민의 성격에 달려 있다"라는
말과 함께 각 나라 국민들의 국민성을 나누어놓고 있다.

> **법국인**: 두뇌 명석한 국민이어서 학문에서는 크게 진보하였으나
> 원기가 결핍하여 구미 4대강국 중에 국운은 별 볼 것이 없다.
> 예의를 중시하고, 교제에 능하여 예술적이며 근검 저축한다.
> **미국인**: 신흥 후진의 국가이나 그 국민성 중에는 원기횡익한
> 특수한 장점이 있어 세계에서 가장 볼만한 활동을 한다.
> 독립적이고 실력, 자유를 중시하며, 의협심이 풍부하다.
> **영국인**: 정직 신용을 중시하고 인권을 존중, 견실 지구, 침착,
> 진술, 자신과 자중심이 강한 것, 상식이 풍부, 통어統御의 재才에
> 장한 것, 공론을 배척하고 실제를 귀히 여긴다.
> **덕국인**: 극히 견실, 규율을 귀히 여기고 자기의 의미를 중시하며
> 충실하게 장상에게 복종, 그 직무에 근면, 일에 임함에 용의주도,
> 인내력이 강하며 만사에 질서를 세우고 조직적으로 일을 한다.[20]

상당히 긴 분량의 이 글은 사실 일본의 교육학자 노다 요시오가 쓴 책『구미열강 국민성의 훈련』(1913)[21] 가운데 발췌하여 번역한 것이다. 이 책의 저자 노다는 덕육, 공민교육, 수신교육 등 일본 근대 교육학 이론을 정립하는 데 큰 기여를 한 일본 근대 교육의 선구자 중 한 명이다. 이후『일본국민성의 연구日本国民性の研究』(1924)라는 책을 쓰기도 했는데, 이러한 행보는 근대 교육의 목표가 국민교육을 통한 우수한 국민성의 양성이었다는 점을 증명한다.

『구미열강 국민성의 훈련』 앞부분에는 영국과 미국, 독일, 프랑스의 국민성을 비교하는 장을 두고 이후 각국에서 국민성을 훈육, 배양하는 방법을 차례로 배열하고 있다. 저자는 서문에서 책을 쓰게 된 경위를 밝히고 있는데, 우선 엄격한 학문적 연구의 결과는 아니라는 점, 유럽에 유학하던 시절의 몇 년간의 경험에 바탕을 둔 서술이라는 점이다. 무엇보다 "국가의 성쇠흥망은 국민성의 훈련 여하에 근거한다고 확신"하며 "이 책이 우리나라(일본)의 발전에 기여할 수 있다면 기쁘겠다"는 말도 잊지 않는다. 즉 서양 열강들이 자국의 국민성을 훈육, 배양해온 방식은 우리의 국민성 훈련을 위한 중요한 참고 자료이자 모델로 받아들여진다. 이 책이 중국에서도 1916년(중화민국 5) 동명의 제목으로 번역된 것을 보면[22] 20세기 초반 동아시아에서 서구 열강의 힘의 원천과 국민성의 배양과 훈육이라는 것이 공통의 관심사로 대두했음을 짐작하게 한다.

사실 책의 내용을 들여다보면 지금의 시각에서는 일반화의 오류라고 볼 만한 내용으로 점철되어 있다. 그러나 이 책은 영국, 미국, 프랑스, 독일 서양 각국에서 형성된 국민성이라는 것은 국민성의 훈련이라는 목적의식적 행위의 결과라는 것을 기본 전제로 하고 있다. 따라서 이들 모델들을 통해 교육학적 목표로서 '국민성의 배양과 국민의 훈련'이라는 이데올로기의 주된 근거가 마련된 셈이다. 그런데 1926년에 우리 잡지에 실린 「영미법덕국민성의 비교」는 일본에서 저술된 위의 책을 발췌하고 있긴 하지만, 글의 초점을 국민성의 훈련에 두기보다 '서양 각국 국민성의 이해'에 두고 있다. 따라서 동아시아에서 유통되기 시작한 영국, 독일, 프랑스, 미국에 대한 일종의 통념, 스테레오타입을 보다 일목요연하게 정리해주고 있다. 이 글에서 가장 흥미로운 대목들을 살펴보기로 한다.

〈인물 평가의 표준〉

덕국: 저 사람은 무엇을 아는가, 즉 지식의 정도와 학문의 유무

법국: 무슨 학교를 졸업하고 어떤 시험에 급제하였는가, 즉 출신과 재능

미국: 저 사람은 무엇을 할 수 있는가, 즉 실력

영국: 저 사람은 어떠한 인물인가, 즉 성격과 사람다움

인물을 평가하는 데 있어서 독일은 지식수준, 프랑스는 출신

배경, 미국은 실력, 영국은 인성을 중시한다고 비교해놓고, 이를 통해 프랑스와 독일은 형식을 중시하고 영국과 미국은 실질을 중시한다는 명제를 도출해내고 있다. 다음은 각국 국민들의 성격, 성정에 대한 평가이다.

법국인: 성급하고 감정적

영국인: 머리가 냉정하여 기완氣緩하고 이성적

미국인: 일을 어서 하려는 맘으로 좀 덤비는 듯하다. 영국인은
          그에 비하면 매우 침착하다.

덕국인: 영국인과 미국인의 중간

프랑스인은 감정적이고 영국인은 이성적이며 미국인은 의욕이 앞서고 영국인은 침착하다. 독일인은 영국인과 미국인의 중간 정도로 평가된다. 즉 프랑스인과 미국인은 성급하며 영국인과 독일인은 침착하다는 설명이다. 논리적이거나 합리적인 진단이라고는 볼 수 없는 이러한 서술로부터 일찍이 유럽 각국과 미국인들에 대한 선입견이 시작되어온 것이라 할 수 있다. 여기서 생래적인 것으로서의 민족성과 형성, 계발되는 것으로서의 국민성을 구별하는 인식은 발견하기 어렵다.

다음은 이 글에서 소개하고 있는 유럽인들의 민족성을 빗대어 만들어진 우스갯소리의 한 사례이다. 사실 지금까지도 이런 식의 유머러스한 비교나 구분법은 흔히 통용되면서 농담 아닌

농담으로 회자되곤 하는데, 그런 점에서 그 농담의 기원이 꽤 오래된 것임을 짐작하게 한다.

(1) 영, 덕, 법 3국인이 한데 모여 맥주를 마셨는데 컵마다 파리가 한 마리씩 빠져 있었다.
법국인: 비상히 노하여 하인을 불러 꾸짖고 잔소리를 많이 함.
덕국인: 모르는 체하고 파리를 집어내 버린 후 잔을 다 마심.
영국인: 아무 말 없이 잔을 쏟아 버린 후 한 잔 더 가져오라 함.

(2) 영국 귀족이 하인을 데리고 덕국에 여행하여 어떤 박물관을 참관하였는데 박물관지기가 와서 "이곳은 금연인데 끽연하는 자에게는 십 마르크의 벌금을 밧소"라고 말했다. 그 귀족은 곧 이십 마르크짜리 지폐 한 장을 내어주더니, 하인에게 권련 한 대를 또 내어 주며 "자네도 한 대 피게 그러면 이십 마르크에 안 거슬러 받아도 되네"하고 평연하게 담배를 피웠다.

(1)의 일화 또는 우스개 유머는 각국 사람들의 성정이라 대변할 만한 것을 간명하게 표현한다. 자신이 마시던 술잔에 파리가 빠져 있는 것을 본 프랑스인들은 아랫사람을 탓하며 분개하지만 독일인과 영국인은 의연하게 사태를 조용히 수습한다. 독일인이 심지어 아무 일 없었던 것처럼 파리가 빠진 술을 그대로 마시는 것에 비해 영국인들은 새 술을 가져오게 한다는 차이까지도 드

러내고 있다.

(2)의 일화에서는 독일인의 실리주의와 영국인의 호방함을 드러내려는 의도가 보인다. 당시 이러한 형식의 유머는 '태서소화', '태서소담' 또는 '태서소림' 등의 이름으로 신문, 잡지 할 것 없이 여러 매체에 흔히 등장했다. 즉 유럽 여러 나라 국민들의 기질과 특성 그리고 국민성을 보기 쉽게 대조하면서 웃음까지 자아내게 하는 새로운 형태의 이야깃거리였던 셈이다.

이렇게 각국 국민성의 특장과 차이에 대한 관심은 심지어 각 나라의 부엌과 살림살이에까지 미친다. 이 나라 사람들이 부엌에서 쓰는 도구들은 저마다 각기 다른데, 이를 통해서도 영국, 프랑스, 독일 각 나라의 국민성의 차이를 알 수 있다는 것이다. 「부엌 기구로 본 각국의 국민성」이라는 글을 보자.[23]

불란서: 부엌에서 쓰는 도구가 가장 풍부하고 세세한데 이는 세밀하고 빈틈없는 프랑스인의 특성을 나타낸다.

영국: 비싸지만 견실한 물건들로 자손 대대로 물려 쓸 도구들을 쓴다. 즉 이는 영국인들의 실용적인 덕을 드러낸다.

독일: 정돈이 잘 돼 있고, 조리기구 이외의 장도리, 톱 같은 공구들을 많이 갖추고 있다. 이는 자기 손으로 직접 만들어 쓰기 위함인데 구성능력이 발달한 독일인의 기질을 표현한다.

이 글에 따르면 프랑스의 부엌 기구가 종류가 많고 풍부한 것은 프랑스인이 세밀하고 빈틈이 없기 때문이고, 영국인들이 자손 대대로 물려 쓸 견실한 물건을 쓰는 것은 그들의 실용성을 보여 주며, 독일인들은 자기 손으로 도구를 만들어 쓰고 있으니 구성 능력이 발달한 그들의 기질을 대변한다.

그런데 영국, 독일, 프랑스 삼국을 비교하는 자리에서 간파할 수 있는 것은 대체로 프랑스에 대한 평가가 박하다는 점이다. 구 한말부터 1920년대에 이르기까지 우리나라 사람들의 인식 속에 는 프랑스는 대체로 내실보다는 외화를 중시하며 사치하고 화려 한 데다가 국민들의 성정도 성급하고 경솔하다는 생각이 많았다. 앞서 살펴본 1880년대 청불전쟁 당시 동아시아 매체에 등장했던 프랑스인들에 대한 악감정이 고스란히 이어졌다고 보기는 힘들 지만, 적어도 다른 나라에 비해 프랑스에 대한 부정적인 인식의 연원은 꽤 깊다고도 볼 수 있을 것이다. 현대의 한국인들이 프랑 스를 자유와 인권, 관용의 나라, 즉 똘레랑스tolerance의 나라로 긍 정적으로 받아들이고 있는 것과도 매우 대조적이다. 프랑스의 똘 레랑스 이미지는 20세기 후반 사회적 약자들 및 타자들, 즉 여성, 이민자, 성 소수자들에 대한 차별 문제를 프랑스 내에서 날카롭 게 인식하고 제기했던 데에서 비롯한 바가 크다고 할 것이다. 물 론 패션과 사치품, 와인 등 우리가 프랑스에서 수입하는 주 생산 품들이 프랑스에 대한 이미지를 형성하는 데 큰 부분을 차지하 는 점은 그때나 지금이나 마찬가지로 보인다.[24]

한편 아시아인들이 보기에 프랑스인들의 창백한 얼굴은 '병자같이 보이는' 면이 있었던 모양이다. 영국인이나 독일인들에 비해 기운(원기)이 없고 병약해 보인다는 기술이 흔히 보이기 때문이다. 이에 대해서 앞의 글 「영미법덕 국민성의 비교」에서는 이를 각국 사람들이 먹는 음식물의 차이에 따른 것으로 분석한다. 즉 프랑스인들은 "요리법은 좋으나 재료의 품질이 열등하고", 고기를 먹는 육식의 양도 영국인의 삼분의 일 정도에 불과하여 "안 먹고 절검하는" 습관이 있다는 것이다.

과학적이거나 논리적 분석이라기보다는 파편적인 경험과 인상을 국민성으로 둔갑시킨 이러한 서술이 횡행한 것도 당시에 유통된 서양 관련 지식의 중요한 특징이라 할 수 있다. 이는 위 『구미열강 국민성의 훈련』의 저자 노다 요시오가 몇 년간의 유학 생활 경험만으로 유럽 각 나라에 대해 꿰뚫고 있는 것처럼 서술한 것에서 보듯, 그만큼 당대인들이 유럽인들을 직접 접촉할 수 있는 경험이나 정보가 제한적이었기 때문이다.

이 시기 유럽 여행자들 또는 유학생들이 쓴 『구주인상기』, 『덕국인상기』 등 인상기印象記라는 형태의 여행서가 일본에서 유행했던 것도 이와 관련이 있다. 유럽을 직접 가서 보고 체험하여 기록을 남긴 몇몇 소수의 지식인들은 당시 유럽 관련 담론에서 절대적인 권위를 가지고 있었고, 그들의 오류를 바로잡을 만한 다른 정보들의 축적이 없는 한 그 권위는 유지되기 마련이었다. 한국의 경우에는 그러한 체험을 기술할 수 있는 인물들이 훨씬 소수였기 때문에 이들을 통해 들어오고 기술된 유럽의 세태

와 정경이 더욱 귀하고 그만큼 권위를 가질 수밖에 없었다.[25]

간접적이고 중개된 형태의 정보들일망정 유럽과 유럽 각 국가에 대한 정보와 앎의 내용은 신문, 잡지, 서적, 문학 작품, 영화 등 각종 매체의 발달과 더불어 점점 더 풍부해졌다. 그런데 쏟아지는 정보의 양은 점차 폭증하고 있었지만 그것이 대상에 대한 입체적이고 다면적인 이해로 곧바로 나아가는 것은 아니다. 정보는 어떻게 선택되고 구성되고 배치되느냐에 따라 완전히 다른 결과물과 해석을 낳을 수 있기 때문이다.

이제 세계의 대세로서 또는 문명의 모델로서 적극적으로 이해하고 소화하고자 했던 유럽 각 국가들의 국민성은 미디어를 통해 점점 고착되는 모습을 보인다. 말하자면 영국, 프랑스, 독일의 국민성이 그 국가에서 벌어지는 대부분의 사건들과 현상들을 설명해주는 매우 중요하고 편리한 기준이 되는 것이다. 예를 들면 러시아에서 혁명이 일어난 것은 러시아의 국민성이 "극단에서 극단으로 직주하는" 성질이 있기 때문이며, 프랑스혁명과 러시아혁명을 비교하는 데 빼놓을 수 없는 것은 각국 국민성의 차이이다.[26] 그러면 영국, 독일, 프랑스 각각이 당대의 매체들에서 어떻게 기술되고 이해되고 있는지 하나씩 구체적으로 살펴보자.

영국: '세계 제일 문명국'에서 황폐한 자본주의 국가로

개항 초기 동아시아 국가들의 눈으로 볼 때 유럽 열강 가운데 가장 개명하고 부강한 최고의 문명국은 영국이었다. 일찌감치 청나라의 5개 항구를 접수하여 조계지를 설치한 영국에 비하면 프랑스나 독일은 그 뒤꽁무니를 따라 밟는 정도였다고 할 것이다. 아프리카, 인도 등 세계 곳곳을 점령하고 자신의 막강한 영향력을 널리 퍼뜨리고 있던 영국은 우선 본받고 따라가야 할 문명의 빛이자 길로 여겨졌다. 1899년 우리의 현재를 90년 전 영국보다 못한 무지몽매한 상태로 인식한 《독립신문》의 논설은 "지금 영국만 하려면 앞으로 90년을 더 나가야 될 터"라고 한탄하며 "90년 전 영국과 같아지려면 오늘부터 지성으로 교육에 힘써야 한다"고 힘주어 말한다.[27] 20세기를 목전에 둔 시점에서 19세기 초의 영국의 상태를 기준점으로 삼아 이미 벌어져 있는 100년의 갭을 줄이는 데 힘써야 한다는 것이다. 이를 위한 최고의 방책이 '교육'이라는 데 모아졌음은 말할 것도 없다. "세계상에 제일 개명된 나라"인 영국과 미국이 그처럼 세계에서 제일 문명하고 부강한 나라가 된 것은 곧 교육의 힘이라고 보았기 때문이다. 두 나라에는 "전국에 학교가 없는 곳이 없어서 몇 천만 곳이 되는지" 알 수 없을 정도이며, "만약 자식을 학교에 보내어 가르치지 아니하면 문밖에 출입을 못 할 줄로" 아는 사람들이 대부분이니 개명하고 진보하는 것이 당연하다.[28] 그들이 문명을 무기로 소위 미개하고 몽매한 약소민족에게 어떤 만행을 저질렀는가 하는 문제는 뒷전으로 밀려날 수밖에 없다.

자연계와 마찬가지로 인간 사회 역시 우승열패, 약육강식의 원리가 적용된다는 사회진화론은 제국주의 시대의 주류를 이룬 논리였다. 어서 빨리 문명의 대열에 서서 그들을 배우고 뒤따르는 것만이 생존의 방책이라고 믿었던 맹목성이 지배적인 시대였다. 그래서 "태서 각국 사람들과 같이 되기를 힘쓰면 조선은 자연히 아세아 속 영길리나 불란서나 독일이 될 터"였고, 그것이 곧 옳은 길이라는 믿음이 있었다.[29] 문명이라는 이름을 앞세워 자행된 제국주의적 폭력성과 야만성에 대해서 애써 눈을 감고 외면한 것은 그만큼 우리의 사정이 절박하다는 위기의식 때문이기도 했다. 폭력의 희생양이 되지 않기 위해서라도 그들과 같아져야 했다. 외양은 물론이고 머릿속까지, 뼛속까지.

서양 여러 나라 중에 영국을 특히 가장 진보한 나라라고 본 것은 영국이 부강한 국가, 대제국을 건설한 나라이기 때문만은 아니다. 영국은 그 어느 나라보다도 "사회 각종의 기관이 평등으로 발달"하고 "각종의 산업이 평등으로 진보"하였으니 가장 이상적인 문명개화를 이룬 나라였다. 그 역사를 볼진대 산업만 발달한 것도 아니고 문학(학문) 역시 크게 떨쳐 일어났으며, 귀족의 역사를 딛고 인민의 역사를 만들어낸 까닭이다. 게다가 각 분야의 조화로운 발전에 무수한 위인들의 역량이 더해져 "정묘精妙하고 웅대한 부강의 음조"를 발하고 있다는 것이다.[30]

앞의 《독립신문》의 글보다 10년쯤 뒤에 《태극학보》에 나온 이 글의 필자는 부강 자체보다 영국 사회와 문화의 저력에 주목한다. 아무리 러시아와 일본이 신흥 강국이라고 거들먹거려도 영국과 같이 균형 있게 발달한 진정한 문명국과는 거리가 먼, "근본적 문명이 아닌 물질적 문명에 불과하다"고 폄하한다. 우리가 가야 할 길은 후자가 아닌 전자여야 한다는 바람이 여기에 깔려 있다. 단재 신채호 역시 "대한에 남은 것은 아무것도 없으며 가질 것은 오직 희망뿐"이라고 힘주어 말했던 때이다. 흥망성쇠가 있는 세상의 여느 왕조와 마찬가지로 조선이라는 하나의 왕조는 끝을 보게 되었지만, 그걸로 민족과 문명이 모두 끝장난 것은 아니라고 믿었던 사람들이 분명 있었다. 대신 어떤 문명인가 하는 것은 여전히 숙제로 남게 되었고, 한일병합 이후에도 그것을 찾는 과정은 결코 끝나지 않았다.

일제강점기 언론에서 볼 수 있는 영국의 국민성에 대한 기본적인 시각은 "보수적 전통이 있어 급진적이기보다는 합리적이고, 실질적인 점진을 구하는 국민"[31]이라는 데 모아진다. 1928년 영국의 부인참정권 확대 법안이 무난하게 영국 하원과 상원을 통과하여 남자와 동일한 권리를 획득하게 되었다는 사실을 자세하게 알리는 《동아일보》의 사설에서 쓰인 표현이다. '스튜어트 밀 이래 팽크허스트* 여사 일파의 치열한 투쟁의 결과'이기도 하겠으나 이러한 영국식의 혁명, 즉 평탄하고 점진적인 혁명이 가능했던 것은 영국 국민성 때문이라는 것이다. 특히 "파리코뮌의 사

•
에멀린 팽크허스트. 영국에서 여성 참정권 운동을 이끌어낸 사회운동가. 그녀가 사망한 1928년 영국 여성의 참정권 투표권을 보장하는 법안, 즉 인민대표법이 통과되어 여성의 선거권 획득 연령을 남성과 동일하게 21세로 끌어내렸다.

회를 실현한 불란서와 대조적"이라는 표현에서 볼 때, 이 두 나라의 국민성이 당시에 매우 상반된 것으로 인식되고 있다는 점이 자연스럽게 드러나 있다. 한마디로 영국에 대한 긍정적인 이미지는 "더디지만 완실하고 중후한 신사도의 나라"로 집약된다.[32] 그러나 이러한 국민성은 당시 세계를 휩쓸던 사회주의자들이나 급진주의자들이 보기에는 불만스러운 요소이다. 당시 영국 정부를 장악한 영국 노동당 맥도널드 내각과 노동당 급진파 사이의 불화를 전하고 있는 《동아일보》의 신문기사는[33] 온건하고 점진적인 영국 국민성을 감안하더라도 당시 노동당 내각이 자본가 정당과 조금도 다를 바 없음을 꼬집고 있다.

　세계에서 가장 부강하고 최고의 문명을 이룬 나라로서 영국을 선망했던 구한말의 맹목성은 이제 눈에 띄게 자취를 감추었다. 19세기 말 이래로 계속된 계몽과 개안의 노력 덕분이랄까, 이제 서양과 유럽의 여러 나라들은 더 이상 맹목적으로 추종할 대상, 무조건적으로 따라야 할 본보기는 아니었다. 이렇게 시각이 변화한 데에는 제국주의 열강 속으로 진입해 들어간 일본이라는 필터가 끼쳤던 영향력, 조선인들의 경험적 또는 직접적 접촉의 확대 등 여러 요인이 있겠지만 무엇보다 20세기 전반의 시대를 특징짓게 되는 세계사적 격변들이 중요한 요소로 작동했다. 즉 1차 세계대전(1914), 러시아혁명(1917), 경제 대공황(1929), 히틀러 집권(1933), 2차 세계대전(1939)과 같은 불과 20~30년 안에 일어난 엄청난 소용돌이는 변방의 조선에게도 영향을 미치는 크고 중요한 사건들이었다. 이 과정에서 유럽 제국주의 열강들에 대한 시각도 점차 변화해간다. 그렇다면 '세계 최고의 문명국'이었던 영국을 바라보는 시선은 어떻게 변화했을까. 1932년의 급박하게 돌아가는 유럽의 정세를 해설하면서 이탈리아와 독일의 파쇼화, 영국의 위기를 전하는 장문의 기사가 잡지 《삼천리》에 실렸다. 다음은 "영국 자본주의는 황폐하얏다"라는 문장으로 시작하는 분석 기사의 일부이다.

> 서반아, 포도아(포르투갈)나 불란서의 뒤를 이어 해적적 행위와
> 침략적 무역적 행위에 의하야 중세말기에 다대한 식민지 획득과
> 원시적 축적과를 행한 영길리는 그것을 기초로 하고 타국보다
> 먼저 산업혁명을 실행하야 빛나는 자본주의로 스타트를 밟았다.
> 그 이후 영국의 자본주의적 발달은 타국의 추수追髓를
> 불허할만큼 경이적이엿다. 세계의 생산과 금융의 중심은 영국의
> 수중으로써 완전히 파악하게 되었다. 그러나 이러한 경향은
> 20세기에 들어와서 독일 미국 등 여러 나라의 강력한 대두와
> 기타 중소국의 자본주의화로 말미암아 변질되고 세계경제의
> 여러 방면에 있어서 독점적 지위의 왕좌로부터 추방되는 운명이
> 되었다.[34]

세계의 생산과 금융의 중심으로서 "타국의 추종을 불허"했던 영국은 20세기 이후 독일, 미국 등 신흥 강국의 대두와 기타 여러

나라들의 자본주의화의 결과 "독점적 지위의 왕좌로부터 추방되는 운명"을 맞이하게 됐다. 게다가 영국 내 경제 위기와 프롤레타리아의 혁명화, 영국 식민지들의 본국과의 대립과 이반, 식민지 내 프롤레타리아들의 반제 투쟁의 심화 등 영국 제국주의는 총체적 위기에 봉착했다는 것이다. 우수한 민족성과 진취성을 바탕으로 엄청난 규모의 식민지를 개척하는 데 성공했다고 평가되던 영국의 번영까지도 "해적적 행위와 침략 무역"의 결과였다는 한마디로 명확하게 정리된다. 이제 영국은 더 이상 세계의 중심도 유럽의 중심도 아닌 것이다.

독일: 학문과 과학의 중심지에서 인류 공동의 적으로

20세기 들어 자신의 식민지였던 미국에게도 밀려나 쇠락한 영국 대신 일제강점기에 새로 부상한 문명의 모델이자 유럽의 신흥 강국은 독일이었다. 1, 2차 세계대전의 원흉임에도 불구하고 독일은 과거 영국이 누렸던 최고 문명국의 자리를 완전히 빼앗은 모양새였다. 물론 20세기 전반기의 유럽사를 피로 얼룩지게 했던 데다가 일본과의 친연성이 유독 강한 독일이었던 터라 유럽에 대한 동경과 환멸의 양가적인 감정이 가장 잘 드러나는 대상이기도 했다.

일본은 근대화 초기부터 서양 열강 여러 나라들의 장점들을 벤치마킹하여 제국의 반열에 오르고자 했으므로 흔히 영국, 독일 등과 비교되곤 한다. 일찍이 영국은 일본과 같은 섬나라로서 대제국을 건설한 국가이기에 일본이 모델로 삼는 '일본의 선진국'이라 불렸다. 그런데 일제강점기 때 '일본은 동양의 독일'이라든지[35] '제2의 독일'[36]이라는 표현이 등장했다. 이는 1차 세계대전을 일으킨 독일과 일본이 비슷한 길을 걸어가고 있음을 의미하는 수사적 표현이었다.[37] 이렇게 일본과 독일의 공격적이고 파괴적인 행보를 여타의 구미 국가들이 한데 묶어 같은 반열에서 다루기 시작하면서 일본과 독일을 동일시하는 논법이 확산된 것으로 볼 수 있다. 1920년 조선총독부 기관지 《매일신보》는 미국에서 일본을 배격하려는 움직임이 나타나고 있다는 것을 1면 기사로 보여준다. 미국 상원의원 후이란 씨가 "일본은 군국주의 침략주의의 국이라 제2의 독일이며 동양의 독일은 즉 일본"이라고 말하고 각 신문지상에 이를 발표하였다는 것이다.[38]

그런데 독일은 비스마르크, 히틀러의 나라이면서 또한 마르크스, 괴테, 베토벤의 나라이기도 하듯이, 다면적으로 볼 만한 여지 또한 많다. 1차 세계대전을 일으키고 패배했지만 폐허로 돌무덤이 된 나라를 일으켜 세워 새로운 현대 문명을 일군 강인한 국민들이 있는 나라. 이러한 독일에 대한 인상은 당시 아시아인들에게 꽤 강렬하게 다가온 모양이다. 더구나 독일은 유럽에서 영국과 프랑스에 비해 국민국가의 성립이나 근대 자본주의의 발전에 있어서 후발 주자이긴 했지만 학문과 문학 면에서 무시할 수 없는 저력을 가진 나라이기도 했다. 1922년 《동아일보》에 실린 한 논설은 패전국 독일에게 막대한 배상금을 물리는 것은 평화로운 해결 방법이 아님을 강조하면서 독일 민족에 대한 긍정적 편향을 드러내고 있다.

> 독일국은 세계문명의 중심이며 독일민족은 충실, 근검, 용감,
> 현명으로써 타민족에 오히려 승한 문명민족이라 이와 같은
> 나라, 민족을 영원히 인류사상에서 제거코자 함은 단히
> 독일 자체를 멸망함에 이르게 할 뿐 아니라 유럽의 파괴가 될
> 것이라 말하지 않을 수 없다.[39]

이 글의 필자 정언생은 《동아일보》가 창간된 1920년 이래 같은 필명으로 4년여간 다양한 글을 발표했는데, 문명론자이면서 국가주의자로서의 면모를 보인다.[40] 위의 입장은 아시아 제일의 문명국이자 강국인 일본에 대한 긍정적 편향성이 독일에 투사된 결과로 해석할 수 있을 것이다. 그런데 꼭 일본의 영향만이 아니더라도 독일의 국민성은 그 자체로 모범적이고 칭송할 만한 것으로 자주 거론된다. 온건하고 보수적인 영국이나 급진적이고 감정적인 프랑스와 달리 독일인은 "과감하고 침중하며"[41], "근면하고 착실하다."[42] 영토가 유럽 지방 가운데에서도 오지에 속하여 자연자원이 빈약한 가운데서도 경제적 군사적 대국이 된 것은 오로지 국민적 기질이 발휘된 덕분이라고 본다. 따라서 우리는 "영국인의 부강함을 흠모하기보다 독일인의 근면의 정신을" 본받아야 하는 것이다.

독일인의 강점은 우리에게는 관동 대진재, 관동 대학살로 잘 알려져 있는 1923년 관동 대지진의 아비규환 속에서도 빛을 발한다. 동경을 비롯한 관동 지방이 쑥대밭이 된 이 지진으로 14만 명 이상이 사망했고 조선인 희생자 및 학살자 역시 6~7천 명에 이르는 것으로 추정될 만큼의 큰 재앙이었다. 그런데 독일인은 이 와중에도 침착하고 견실한 국민성을 발휘하여 "독일 사람이 아니고는 꿈도 못 꿀" 규율과 질서로 열흘도 되지 않아 자국민의 인명부 작성, 사상자 파악, 피해 가옥과 피해액에 대한 조사를 완성했다는 것이다.[43] 따라서 이러한 국민성은 결국 1차 세계대전 이후 1920년대 말에 이르러 독일을 영국, 프랑스는 물론 미국을 압도하는 경제 강국으로 탈바꿈하게 만드는 원동력으로 설명된다. 곧 독일의 힘은 "과학적 사색과 연구"에 힘쓰며 "위대한 조직력"을 가진 독일 국민의 힘인 것이다.[44]

전쟁에서 패한 독일은 전쟁이 끝난 지 10여 년 만에 "세계인의 비관을 초월하여 부흥함으로써 세계인을 압도"하는 경지에 이르렀다. 조선인이 타민족에게서 배울 것이 한두 가지가 아니겠지만 특히 독일이 가진 "근로를 기초삼은 조직력과 생활을 과학적으로 관리하는 직능"이야말로 가장 긴급한 덕목이다. 새 문명을 지배할 자로서 독일은 조선이 본받아야 할 새로운 표상이 된 것이다. 특히 이는 프랑스나 미국과 비교할 때 더욱 그러하다.

세계인이 소리를 같이하여 현대 불국인의 찬란은 하지만

경조한 세풍을 꺼리고 미국인의 금노(돈의 노예)의 쇗줄에 매어 신의가 퇴폐하여가는 것을 비난하야 신흥 독일의 중후한 근로를 찬양하야마지 아니하는 것도 이 공화독일의 저력 잇는 의기가 장차 오려는 새 문명을 지배할 가능성이 충분히 보이는 까닭이다.[45]

이제 영국을 대신하여 새 문명을 창조할 이는 "찬란은 하지만 경조輕佻한" 프랑스도 아니요 "돈의 노예가 되어 신의를 버린" 미국도 아니다. "인내력과 백절불굴의 정신" 그리고 애국심과 이타심까지 갖춘 독일인이 그 주인공임은 명약관화한 일이다.[46] 정치적·경제적 관심을 넘어 학문과 과학, 문화와 예술의 거의 모든 면에 있어서 독일에 대한 관심은 식민지 조선에서도 폭발적이었다. 독일이 "세계의 지낭"[47], 즉 지식과 지혜의 주머니로 불린 것은 그 때문이었다. 1930년대 초 나혜석은 독일을 방문한 경험을 여행기에 기술하면서 "독일에서는 어디에서나 과학의 냄새가 난다"고 했고, 박완서의 자전적 소설 『그 많은 싱아는 누가 다 먹었을까』에서도 1930년대 후반 독일제 물감을 선물 받은 소녀에게 독일은 "문명의 예감" 그 자체로 기억될 정도였다.

1920년대부터 신문, 잡지 지면을 통해 미국이나 유럽 여타 지역에 비해 독일 유학생의 글들이 유독 많이 등장했던 것도 이와 관련이 있다. 박승철[48], 도유호[49], 정석태, 이성용 등 독일 유학생들의 유학 체험, 여행기, 해외 정보 또는 그들이 배워온 의학, 과학 지식이 고정란으로 연재되는 등 1920년대는 독일 유학파들의 활동이 본격화하는 시기이기도 했다. 물론 1차 세계대전 이후 독일 경제가 곤경에 처하면서 일본 엔화에 유리한 여건이 마련되었고 일본과 미국의 관계가 악화하면서 독일이 유학지로 선호된 탓도 있었다.[50] 하지만 독일이 의학, 철학, 경제학 등의 학문을 하기에도 그리고 세계의 지식인 및 사상 운동가들과 교류하기에도 가장 매력적인 국가였음은 분명하다.

그런데 독일과 베를린의 황금기는 1930년대 들어서 히틀러의 등장과 함께 금세 막을 내리게 됨은 주지의 사실이다. 이제 무한한 칭송의 대상이었던 독일의 국민성이 이야기되는 방식에도 변화를 맞이할 수밖에 없게 된다. 건실함과 인내심의 대명사이자, 과학적이고 조직적인 이성의 힘을 최고의 강점으로 가졌던 독일 국민은 어떻게 '히틀러 제국'을 등장시켰던 것인가. 독일인의 애국심은 이성보다는 신뢰에 바탕을 둔 것이며 이는 "비논리적이고 낭만적 요소가 다분한 나치스의 세계관"과 잘 들어맞는다는 해석도 있지만,[51] 독일인의 국민성은 완전히 재평가될 수밖에 없었다. 이제 국제 조약을 완전히 무시한 채 "청천벽력과 같은 재군비"[52]를 선언하여 세계 모두의 위협이 되어버린 독일은 "맹호 같은 국민성"으로 "화염 같은 복수열"을 가진 것으로까지 묘사되기에 이른다.[53]

1932~1933년 나치스가 등장하고 히틀러가 집권을 할 즈음부터 독일과 유럽의 상황들은 조선에도 급박하고 신속하게 전달되

었다. 이때 신문들에는 나치스 관련 기사가 폭증하기 시작하여 《동아일보》의 경우 1933년에는 285건, 1934년에는 467건, 1935년과 1936년에는 265건의 기사가 쏟아져 거의 매일의 신문지면을 뒤덮었다. 《조선일보》도 크게 다르지 않았다. 1932년 나치스가 독일 정국에 등장했음을 알린 이후 1933년에 61건, 1934년에 133건, 1935년과 1936년에는 40여 건의 나치스 관련 기사가 등장했다. 이탈리아와 독일이 앞장선 세계의 파쇼화는 거센 물결로 유럽을 휩쓸고 있었고 이제 '세계가 아수라장'이 되는 것은 불 보듯 빤한 일이었다. 1935년 《동아일보》의 사설은 독일로 인해 1차 대전과 같은 전쟁 시대가 반복될 것임을 예고한다. 나치스의 등장 이후 시대가 역행하고 인류 문명이 후퇴하고 있다는 인식이 점점 팽배해졌음은 물론이다. 철학, 사상, 문학, 예술 모든 방면에서 나치스의 행위는 "혁명적인 탄압"[54]이라고까지 칭해졌다.

조선의 언론이나 지식계의 입장에서는 나치스가 몰고 온 유럽과 세계의 파쇼화에 대해 비판적 목소리를 마냥 키울 수 있는 형편이 아니었다. 1930년대 이후 일본이 만주사변(1931), 상해사변(1933), 중일전쟁(1937) 등을 일으키며 본격적인 대륙 진출을 시작하고 나치스와 본격적으로 협력하여 동맹을 맺었기 때문이다. 점차 강화되는 군국주의와 검열, 통제 속에서 일본의 동맹국 독일과 나치스에 대한 비판보다는 적국인 연합국들, 즉 영국과 미국에 대한 비판 여론이 더 팽배해질 수밖에 없었다.

그러나 파쇼의 시대에도 나치스에 반대하는 사상계·문화계의 움직임과 목소리 역시 점점 커지고 있음을 조선의 매체들은 전하고 있었다.[55] 독일에서 유대계 예술가들과 독일에 반대하는 작가들을 추방하고 금지하며 분서까지 저지르는 데 대한 세계인들의 분노와 우려, 절망이 함께 고조되기 시작했기 때문이다. 이는 독일과 유럽의 문제만이 아닌 인류의 문제로 받아들여졌다. 1935년 파시즘적 국수주의의 문화 파괴에 대한 반대의 표시로 파리에서 열린 '문화옹호국제작가대회' 소식이 대서특필되었던 것은 일종의 기대감과 희망의 표현이었다.[56] 이 모임은 유일하고 강력한 위협에 공동으로 대응한다는 하나의 목적을 위하여 국가와 계급, 정파적 이념적 색깔을 초월하여 결성된 것으로 로맹 롤랑, 앙드레 지드, 앙리 바르뷔스, 파블로 네루다 등이 그 중심에 있었다.

독일은 이제 문화와 학문의 세계적 중심으로서의 지위와 명망을 완전히 잃어버릴 것인가. 1930년대의 독일은 지금껏 독일인들이 이루어왔던 문화의 성과들과 미래의 전망 모두를 의심스럽게 했음이 분명하다. 1차 세계대전 때만 해도 독일 문화의 저력과 가능성에 대한 믿음은 여전했다. 최남선이 주관한 잡지《청춘》7호(1915)의 기사는 독일을 "배울 것이 참 많은" 나라로 추켜세운다. 1차 세계대전을 일으킨 유럽의 흉적이자 골칫거리 취급을 받긴 했지만, 이웃 승전국들에게 부담해야 할 막대한 배상금으로 신음하면서도 불굴의 의지로 일어선 독일인들이 있기 때문이다.[57] "독일 국민은 지식으로써 세계에 탁월하고 재화로써 만국에 특출하고 강병으로써 천하에 왕으로 불리고자" 끊임없이 노력한 국가라는 신화적인 서술이 그때까지만 해도 유효했다. 그러나 이러한 서구 문명에 대한 맹목성[58]은 더 이상 지속될 수 없었다. 2차 세계대전은 조선인들의 눈에도 1차 세계대전 때와 비교해볼 때 그 규모와 폭력성에서 더욱 파괴적이었고, 이는 근대 문명의 비조이자 모델이었던 유럽 문명 전체의 몰락을 의미했다.[59]

프랑스: 급진적 혁명의 나라, 부박한 유행의 나라

프랑스는 서양 국가들 가운데 조선과 가장 늦게 수교한 나라이다. 1886년에 조약이 맺어지고 1887년에 비준이 되었으니 미국, 독일, 영국보다 4~5년이 늦어진 셈인데, 그 이유는 프랑스 측에서 유독 선교라는 목적을 앞세웠기 때문으로 설명된다. 프랑스는 '선교단의 파견'을 조약문에 넣으려 했던 반면 조선에서는 종교의 자유를 불허한다는 입장을 고수했기 때문이다.[60] 서양 다른 나라들과의 직접 접촉은 19세기 말에야 본격화되었던 것과 달리 프랑스와는 18세기 말부터 천주교 전파를 둘러싸고 선교사들과 관련한 논란과 박해가 반복되었다는 특징이 있다.

선교에 대한 프랑스 측의 의지와 노력에도 불구하고 19세기 말부터 이 땅에서 기독교 전교와 관련하여 선편先鞭을 쥔 것은 미국의 선교사들이라는 점은 잘 알려져 있다. 이들은 매우 간접적이고 은밀한 방식을 취하여 조선에 진입하고 뿌리를 내리게 된 것으로 평가받는다. 국외의 조선인들과 개별적인 접촉을 통해 거리를 좁히고 신자를 확보했으며, 성서 번역을 통해 서서히 기독교를 뿌리내리게 만들었기 때문이다. 결국 물적 인프라를 적극적으로 지원하고 자생적인 기독교인이 양성되도록 함으로써 미국 선교사들은 학교와 병원에 이어 교회를 설립하는 데 성공할 수 있었던 것이다. 이는 프랑스 선교사들이 행한 기존 선교 방식이 불러온 반발의 역사 그리고 오랜 박해의 역사가 앞서 있었기에 가능했던 일이었음은 물론이다.

19세기에서 20세기로 넘어가는 시점, 조선이 개항하고 프랑스와 수교하면서 정부와 가톨릭 간의 대결구도가 사그라진 뒤에는 갈등의 구도와 전선이 다른 쪽으로 옮겨졌다. 이재수의 난으로도 잘 알려진 1901년 제주도의 신축교난(제주민란)은 정부의 승인 또는 비호 아래 가톨릭과 원주민들이 충돌한 매우 돌출적인 사건이었다. 애초에 기독교 국가들에서 선교라는 것이 미개지 또는 야만인들에게 복음의 빛을 가져다준다는 제국주의적인 논리와 궤를 같이하는 면이 있다는 것을 여실히 보여준 사건이기도 하다.

20세기 이후 조선에서 프랑스는 더 이상 가톨릭의 나라, 선교사들의 나라만은 아니었다. 영국과 독일이 유럽 문명의 모델이자 모범으로 적극적인 앎의 대상이었다면 프랑스는 그와는 다른 차원에서 유럽을 대표했다. 우선 언론, 지식계에서 프랑스에 대해 가졌던 관심의 대부분은 일차적으로 프랑스혁명에 쏠려 있었다고 해도 과언이 아니다. 19세기 근대 유럽이 형성되는 데 근본적인 환경을 조성한 기념비적인 사건으로서 받아들여졌기 때문이고, 근대를 배우고 실험해야 하는 입장에서는 이에 대한 학습이 필수적이었기 때문이다. 따라서 프랑스라는 나라 또는 혁명이라는 사건 자체에 대한 관심보다는 혁명 이후의 세계, 특히 프랑스 혁명 이후에 전개된 사상과 문화, 문학과 사회의 변화가 주된 관심이었다. 그런데 프랑스에 대한 이러한 관심 또는 정보들은 프랑스와 프랑스인에 대한 인식 또는 이미지의 형성에 어떠한 영향을 미쳤던 것일까.

앞서 살펴본 청불전쟁 시기에 유포된 프랑스인에 대한 부정적 묘사 이후에도 프랑스라는 나라와 그 국민들의 특징에 대해서는 꽤 강한 선입견이 노출된다. 즉 프랑스인들은 감정적이고 극단적이라는 인식이 흔히 발견되는 것이다. 영국과 독일이 실리와 균형, 신중함과 건실함과 같은 장점으로 자신들의 국운을 크게 확장시켰다고 본 반면, 프랑스는 대혁명이 일어난 나라라는 이미지가 크게 작동했다. 즉 프랑스는 영국과 독일과는 매우 다른 국민성을 가진 나라이기에, 급격하고 과감하며 감정적인 국민성과 혁명이라는 사건이 매우 조화롭게 조응한다는 것이다. "성공에 급급하여 전후 관계를 무시하고 홀연 혁명을 하며 홀연 반동을 한다"거나 "혁명 이후 백 년 동안 헌법을 열네 번이나 고쳤다"는 것이 그러한 판단의 근거가 된다. 한마디로 프랑스는 "유럽에서 대변동의 분화구"였던 것이다.[61]

이러한 프랑스의 국민성은 20세기 들어 혁명을 성공시킨 러시아와도 흔히 비교되었다. 둘 다 극단에서 극단으로 치닫는 국민성을 가진 것은 동일했다. 혁명이 가능했던 것은 여러 정치적 ·

사회적·환경적 요인이 있지만 기본적으로 그러한 국민성의 뒷받침 없이는 불가능하다는 것이다. 시민들의 손으로 왕과 황제를 끌어내리고 목을 벤 '혁명'이라는 사건을 근대 초기 조선인들이 이해하기란 심정적으로 쉽지 않은 문제였을 것이다. 두 혁명이 가진 차이라면 프랑스혁명은 '아무 준비도 없이, 혁명을 자각하지도 않은 채' 이루어진 것인 반면 러시아혁명은 '오랜 세월의 준비를 거치며 혁명에 대한 분명한 자각'으로부터 일어났다는 것이다.[62]

한편 이렇게 격정적이고 감정의 극단을 달리는 프랑스인들은 "예술과 직감력이 세계 어느 나라 국민보다 풍부하고 특출"하다고 기술되었고 또한 그렇기 때문에 '몹시 센티멘탈'한 단점이 있다는 평가도 따랐다.[63] 그러나 뭐니 뭐니 해도 프랑스는 예술과 문화의 나라, 유행의 중심지였다. '꽃의 도시'라는 칭호를 얻은 파리는 1930년대 초에 이미 세계의 유람객들이 몰려드는 최고의 관광지였다. 1930년 《매일신보》에는 '불란서의 서울 파리가 온갖 유행의 중심지가 된 여섯 가지 이유'가 실렸다.[64] 그 이유를 소개하면 다음과 같다.

> 첫째, 지리적 위치에서 서유럽에서도 이상적 지위를 가지고 있어 '천혜의 낙원'이다.
> 둘째, 17세기 루이 14세(태양왕) 시기에 국가 차원에서 유행품의 제작과 사용을 장려하고 이를 세계적으로 만든 공로가 있다.

셋째, 프랑스인들이 원체 예술적 천분이 풍부한 국민이다.

넷째, 프랑스 가정이 전통적으로 재봉기술이 발달하여 유행품 제작의 기초가 되었다.

다섯째, 세계 각지에서 화가들이 몰려오는 '화가의 산지産地'이다.

여섯째, 파리의 여성들이 새로운 스타일의 복장을 용기 있게 입는 경향과 재능을 가지고 있다.

영국과 독일의 문학과 예술, 사상도 그러했지만 프랑스의 문학과 예술은 조선과 동아시아에서 과거에 없던 새로운 문학과 예술을 추구했던 이들에게 하나의 모델이 되었고, 아이디어와 영감을 주었다. 즉, 18~19세기 유럽의 근대 문화는 조선인들과 동아시아인들에게 주로 동경과 선망의 대상이었다. 적어도 아메리카니즘이라 불린 자본주의 문화와 파시즘의 광풍에 휩쓸려 들어가면서 유럽 문명의 위기와 정체가 도래하기 전까지는.

이제 20세기라는 파국의 동시대를 살아내며 인류 문명과 문화의 미래를 고민하는 것은 우리에게도 중요한 과제로 다가왔다. 20세기는 유럽의 문명과 문화가 우리 안으로 밀려들어 오고 그것이 만들어내는 갈등과 싸움 속에서 '우리'의 것이 만들어지는 과정이었다. 처음에는 유럽의 무엇을 어떻게 받아들여야 할지 종잡기 어려웠고 그것이 어쩌면 막연한 환상과 동경을 일으킨 근원이 되었을 수도 있다. 비록 일제강점기에도 일본이나 중국 등을 경유한 만남과 접촉이 대부분이었지만, 이때에도 우리 나름의 앎과 고민은 축적되었다. 이러한 과정을 거쳐 '우리'의 것을 만들어낸 노력이 있었던 것이다.

조선왕조와 대한제국의 몰락 그리고 한일병합을 거치면서 국가 체제나 정치 제도에 대한 고민이 위축되긴 했지만, 새로운 사상과 이상을 추구하려는 열망과 우리의 근대 문화를 만들어야 한다는 갈망은 멈추지 않았다. 19세기 말에서 20세기 초에 이르는 시간 동안 유럽이라는 아시아의 절대적인 타자들, 즉 영국과 독일 그리고 프랑스를 알아가고 받아들이면서 우리가 깨닫고 또 다다른 가장 중요한 지점은 어쩌면 변화에 대한 열망, 전에 없던 다른 문명에 대한 가능성을 자각하게 된 것이 아니었을까.

4장

사상과 문화의 보물 창고: 근대 문화의 지향점이 된 유럽

시베리아 철도로 닿을 수 있는 그곳, 「세계일주가」가 노래한 유럽

중국 중심의 천하관, 중국이 세상의 중심이며 그를 중심으로 세상의 질서가 이루어져 있다고 믿었던 세계관이 깨진 뒤에는 '우리가 얼마나 오래 고립되어 있었는가' 하는 인식이 생겨났다. 우리는 아주 오랫동안 유지돼온 세계 안에서 그에 합당한 자리를 차지하고 있었음에도, 새로운 세계 인식과 급변한 질서 감각 안에서 그것이 단지 전적인 고립이나 지체에 불과한 것이라는 인식을 갖게 되었다. 이제 '대무대에 고립'된 우리는 더 먼 세계로 나아가야 하고 그럼으로써 그 세계를 배워야 했다. 여기서 배운다는 것은 단지 지식의 확장으로서의 앎을 뜻하는 것뿐만이 아니라 그를 따라서 행해야 한다는 의미가 포함된다. 유도, 불교, 예수교 등 동서 세계 사상의 개혁과 화합을 통해 온 천하를 통하게 하는 교(사상)를 만들 수 있다고 믿었던 최한기는 지구상의 경계들을 넘어 천하가 두루 통하게 되는 세상이 도래했음을 일찍이 간파했다. 이제 둥근 지구를 일주할 수 있는 천지개벽의 세상이 열린 것이다.[1]

> 대개 천하가 두루 통한 것은 중국의 명나라 홍치(1488~1505)
> 연간의 일이다. 구라파 서해의 한 모퉁이에 있는 포로아布路亞
> 사람인 가노嘉奴가 처음으로 지구를 한 바퀴 돌았으니, 이것은
> 바로 천지가 개벽한 것이라 하겠다.
> 이로부터 상업하는 선박이 널리 통행하고 사개(사신과 사역인)들이
> 잇달아 전하므로, 진귀하고 기이한 산물과 편리한 기계들이
> 원근에 널리 전파되었다. 또 예법과 풍속이며 교육과 문화 등은
> 멀리 옮겨와, 말을 전하는 사람들이 첨가하여 붙이거나 연역하여
> 모두 성안의 젖[城內之乳, 세계가 한 성안처럼 되어 외국의
> 문화와 지식을 수용하고 섭취하는 것을 비유한 말] 아닌 것이
> 없게 되었다.

최한기가 "구라파 서해의 한 모퉁이에 있는 포로아 사람 가노"라고 적은 인물은 후안 세바스티안 델 카노Juan Sebastiandel Cano,

즉 1522년 9월 지구를 한 바퀴 도는 데 성공한 마젤란 탐험대의 일원이었다. 최한기는 이를 포로아, 즉 포르투갈 사람이라고 적고 있지만 사실 카노는 스페인 출신의 항해가였다. 중요한 것은 이 최초의 지구일주로부터 말미암아 "진귀하고 기이한 산물과 편리한 기계들이 원근에 널리 전파"되고 "예법과 풍속이며 교육과 문화 등이 멀리 옮겨와" 서로 배우고 수용하고 섭취하게 될 수 있는 시대가 열리게 되었다는 발견이다. 19세기 초의 최한기가 천지개벽이라 칭했던 세계일주는 이후 본격적으로 조선이 세계 속에 진입한 20세기 이후 우리에게도 실현가능한 것 그리고 꼭 한번쯤 해봄직한 것으로 더욱 가까이 다가오게 된다.

일본에서는 19세기 말부터 세계일주에 대한 논의가 등장했고 실제 세계일주 기행서, 안내서가 나오기 시작했다. 세계일주를 할 청년단을 모집하여 연례행사처럼 세계일주 여행이 이루어지기도 하고, 개인 차원에서 이를 감행한 이들도 심심치 않게 등장했다. 우리나라에서 세계일주라 할 만한 여행을 실제 행한 이는 1920년대의 허헌과 이정섭, 1930년대의 이순탁 등이 있다.[2] 그런데 일찍이 1910년대에 최남선은 세계일주라는 아득한 꿈과 저 먼 나라들의 이야기를 창가 *의 형식으로 펼쳐내 보인 적이 있다. 1914년 10월 잡지 《청춘》의 창간호 부록으로 실린 「세계일주

개화기에 발생한 근대 음악 형식의 하나. 서양 악곡의 형식을 빌려 지은 간단한 노래이다.

가」가 그것인데, 세계 각국의 도시들을 샅샅이 살피느라 분량이 전체 300여 쪽 가운데 65쪽에 달했다. 이 장문의 창가는 한양을 떠나 평양을 거쳐 유라시아 대륙 너머 유럽과 미국까지 건너가는 여정을 기록한 것이다.

이 작품은 그에 앞서 나왔던 일본의 세계여행 안내서나 기행문과 중요한 차이점이 있다. 섬나라 일본에서 세계일주를 하는 여정은 거의 예외 없이 배를 타고 태평양을 건너 하와이 또는 미국에서 시작한다. 그러나 최남선이 노래한 세계일주는 구아연락歐亞連絡열차, 즉 시베리아 횡단열차를 타고 모스크바로부터 시작해서 유럽을 여행한 후 대서양을 건너가는 여정이다. 꼭 백여 년 전 최남선은 종횡으로 뻗어간 조선의 철도가 세계 대교통로가 되어 북방으로 유럽으로 통하게 되었으니 그 중심인 평양이 장래에 세계적인 대도회지가 될 것이라 장담한다.[3] 경의선을 타고 신의주, 안동현, 장춘을 지나 하얼빈으로 가는 러시아 동청 철로를 타고 블라디보스토크에 도착하면 거기서 시베리아 철도가 시작된다. 이 창가의 화자는 모스크바, 톨스토이 생가, 페테르부르크를 거친 뒤 독일 국경을 넘어간다.

"한양아 잘 있거라 갔다 오리라"로 시작하는 가사는 실제 세계일주 여행을 해본 사람이 기술한 것인 양 실제적인 경험의 감각을 드러내는 표현들을 적절히 사용한다. 예컨대 "하룻밤을 기차에 몸을 누이니 어느덧 페테르부르크"라든지, "십자산에 올라서 굽어보니 전시全市의 번화가 한눈 아래라"와 같은 식이다. 그

러나 이 글의 저자 최남선이 아무리 종횡무진 동서를 오갔다 할
지라도 세계일주를 했던 것은 아니며 또 당시로서는 세계일주를
해본 조선인이 없었던 점을 생각해보면, 한양에서 시작하여 북
쪽으로 올라가 중국, 러시아, 독일, 이탈리아, 스위스, 프랑스, 벨
기에, 네덜란드, 영국, 미국까지 다다른 이 노래는 상상과 지식의
산물이랄 수밖에 없다.[4] 즉 이는 세계 지도와 철도 노선, 세계 각
도시와 명소들의 사진이라는 시각적 재료를 통해 상상된 여정임
을 짐작하게 한다. 그리고 가사마다 빽빽이 달려 있는 주석들은
세계 여러 나라와 도시들에 대한 백과사전적 정보들을 상세하게
전달해주고 있다. 북반구, 특히 유럽 여행에 편중되어 있는 이 창
가에서 유럽의 인상을 어떻게 독자에게 전하고 있는지 살펴보자.

장하다백림시가 삼백만인구
길가는이얼골에 달닌게활동
학술기예상공업 나날이느니
신흥국민부지런 본볼지로다

운데르, 덴, 린덴[5] 윌헤름저자
상업경쟁우승자 된다하겟네
문명의모든기관 다 정제한중
하수도[6]의완전함 세계에무쌍

독일에 입성한 화자가 가장 처음 노래하는 도시는 백림, 즉 베를린이다. 삼백만 인구를 가진 베를린의 시민들은 신흥국의 국민답게 활동적이고 근면함이 얼굴에 쓰여 있다. 운터 덴 린덴, 빌헬름 스트라세와 같은 중심 시가는 상업 경쟁에서 승승장구하고 있는 독일의 면모를 증명하며, 특히 완비된 하수도가 세계 제일이라고 노래한다. 가사에 달려 있는 주석에서도 "활동과 근면은 떠이취(독일) 국민의 특색이니 베를린가튼 수부(수도)에서 더욱 깊은 느낌이 생기나니라"와 같은 해설을 덧붙이고 있다. 독일 각 도시 함부르크, 라이프치히, 뮌헨을 거치고 이탈리아 옛 제국의 도시들을 두루 거쳐 스위스를 지나면 드디어 프랑스에 입성한다.

지중해변대항구 마르세이유
이나라둘재가는 큰도성이니
역사도오래거냐 설비도완전
천오백만둔배가 해마다출입

파리야얼골로는 첨이다마는
세계문명중심에 선봉겸하야
이셰샹낙원이란 꼿다운일홈
오래도다들은지 우레퍼붓듯

천오백만 톤의 배가 출입하는 대항구 마르세유와 '세계문명

174

의 중심이자 세상 낙원'이라는 '꽃서울' 파리에 이르러서는 센강, 에펠탑, 샹젤리제, 개선문, 팡테옹, 뢱상부르 공원, 노트르담 대성당, 루브르 박물관 등등 파리의 모든 명소들이 총동원되고, 베르사유는 파리는 못 보더라도 꼭 가봐야 하는 장소로 특별히 거명된다.

총 133절에 달하는 「세계일주가」에서 가장 많은 분량을 차지하는 국가는 단연 영국이다. '쁘리텐 제국'이라 칭하고 있는 영국 편에서는 칠백여만 명의 인구가 사는 런던의 명소들, 즉 런던성, 런던교, 런던탑은 물론이고, 버킹엄궁, 웨스트민스터 사원, 국회의사당, 대영박물관, 하이드 공원, 옥스퍼드·케임브리지대학, 이튼·해로우중학까지 두루 섭렵하고 영국 유수의 공업도시들을 하나하나 빼놓지 않고 등장시킨다.

> 글냇스톤을내인 옥스퍼드와
> 크럼웰, 늬유톤난 캠브릿지며
> 이톤, 하로두중학 두로삷히니
> 대영국민생기는 까닭알네라
>
> 천혜인공겸하야 발달된공업
> 뻐밍감의철물과 리드의담뇨
> 만체스터목직과 쉐필드도검
> 각기세계대중심 되어잇도다

「세계일주가」는 당대 조선인들에게는 생소할 옥스퍼드, 케임브리지, 이튼 등의 명칭에 일일이 주석을 달아 설명하면서, 이들 학교를 보면 '대영국민이 어떻게 만들어지는지' 알 수 있다고 전한다. 이상의 가사들을 통해서 유럽 여러 나라들의 특징이 명확히 제시되는데, 즉 독일은 근면과 활기, 프랑스는 화려함과 번영, 영국은 모든 면에서 세계의 중심으로 찬양의 대상이 되고 있다.

이 창가가 등장한 1914년 말은 한국 입장에서는 일본 제국주의의 강제합병 이후 몇 년이 채 되지 않은 시기였고, 유럽 쪽에서 보면 1차 세계대전이 막 발발한 때였다. 19세기 이래의 제국주의와 그에 힘입어 번성한 유럽 문명이 큰 위기를 맞이한 때인 것이다. 그런데 이 창가에는 그런 당대의 세계사적 분위기와는 완전히 동떨어진, 관광용 그림엽서 속에서 화려한 위용을 자랑하는 유럽의 모습만이 나열되어 있다. 여기에는 여전히 19세기 말에 동아시아에서 팽배했던, 서양 문명을 무턱대고 찬양하는 기운과 분위기가 충만해 있을 뿐이다. 이는 유럽이 아직도 우리의 실감에서 너무나 멀리 떨어져 있고, 박제화한 이미지나 지식으로만 받아들여지고 있음을 여실히 보여준다. 그들을 보고 배우자, 그들을 따르자고 소리 높여 외친들 아직 그곳은 너무 멀리 떨어진, 우리와는 별 관계가 없어 보이는 낯선 존재였다. 그러나 세상은 점차 넓어지면서 또 좁아지고 있었다. 최한기가 말한 "예법과 풍속이며 교육과 문화 등이 멀리 옮겨와" '성안의 꽃', 즉 우리의 자양분이 되는 시대가 빠르게 다가오고 있었기 때문이다. 20세기는 그러한 세계의 상호 교통과 소통이 급속도로 확장되면서 세계를 하나의 성으로 만들어간 시대이다.

거리가 멀다고 해서, 또 직접 보고 체험할 수 없다고 해서 실감이 완전히 불가능한 것은 아니다. 직접적인 만남이나 교류가 극히 제한적이었던 당시에 지식이나 정보 차원이 아닌 실감과 소통을 가능케 하는 가장 중요한 창구가 무엇이었을까. 많은 사람들이 낯선 세계와 다른 지역의 삶에 관한 실감을 얻고 공감을 구하기 위해 매달렸던 것 가운데 문화예술, 특히 문학이 있었다.

런던탑의 규모와 역사, 그곳에서 유폐되고 죽어간 인물들(에드워드 5세 형제, 제인 그레이)을 서술하는 숱한 지식들은 우리에게 그에 관한 이런저런 정보들을 제공해줄 수 있을 것이다. 하지만 영국 유학생 출신의 나쓰메 소세키가 쓴 「런던탑」(1905)이라는 작품이 전해주는 기이하고 음침한 분위기와 공포감은 그것이 오롯이 소설이기 때문에 맛볼 수 있는 것이다. 탑이라기보다는 성채이며, 성채이기보다는 감옥으로 악명을 떨친 런던탑, 처참하게 죽은 영혼들의 한까지 맺혀 있는 런던탑의 경험을 이 작품의 화자는 "탑 자체가 영혼들의 외침으로 들썩이는 느낌"이라고 표현했다.

무엇보다 유럽의 문학과 예술이 새로운 앎의 대상이자 모델 그리고 영감의 원천이 될 수 있었던 것은 유럽 문명 자체에 대한 새로운 접근이 이루어졌기 때문이다. 유럽 문명의 저력은 근세 자본주의와 제국주의, 물질문명의 압도적인 힘만으로 설명할 수 없다는 인식이 점차 동아시아인들에게 각인되기 시작했다. 그리고 이것은 1910년대 이후 일제강점기에서조차 새로운 사상과 문화 그리고 문학의 시대가 열릴 수 있는 하나의 바탕이 되었다.

유럽 문학을 통해 배우는 국민문학과 세계문학

《소년》과 《청춘》이라는 잡지를 발간한 최남선은 우리나라의 청년들이 서양 근대사상과 문화의 세례를 받고 근대인으로 새로 태어나기를 희망했다.[7] 그리고 소년들을 가르치고 계몽하기 위해 매달렸던 것 가운데 매우 큰 비중을 차지했던 것이 바로 나폴레옹, 워싱턴, 비스마르크, 링컨, 빌헬름 2세 등 서양의 위인들과 「거인국표류기(걸리버 여행기)」, 「너 참 불쌍타(레미제라블)」, 「실낙원」 등 서양문학 작품을 소개하는 것이었다. 세상의 수많은 읽을거리 가운데 특히 문학서적의 가치를 강조하는 목소리를 이 시기에 심심찮게 접할 수 있는데 여기서 권장되는 문학서적은 단연 서양의 문예, 서양의 문학 작품들이었다.

유럽의 문예를 전문적으로 소개하기 위한 매체로서 처음 깃발을 올린 《태서문예신보》(1918~1919)의 사설을 보자. "배움을 위한 가장 좋은 수단은 읽기"이며, 특히 마땅히 읽어야 할 것은 "좋은 문학서류"라고 적고 있다. 문학서류가 어떤 경험보다도 나은 배움인 까닭은, 그것이 실상보다 더 유쾌하고 생기 있는 상상이며 환상이기 때문이다.

178

상상이 어떤 때에는 실상보다 더 생기가 잇고 더 쾌활하다. 읽을 때에는 (우리가 원한다면) 무엇이든지 되어, 어떻게든지 지낼 수가 있다. (…) 좋은 문학서류는 우리의 불유쾌한 생각을 소멸시키고 인생의 우려를 사라지게 하며 곤란과 근심을 잊어지게 한다. 이러한 것을 읽을 때에-이러한 꿈을 꿀 때에 방해하는 것은 무엇보다도 더 잔인한 일이다. (…) 좋은 문학으로써 얻은 취미는 읽는 그때뿐만 아니라 그 기억이 우리에게 남아 있어서 우리가 부르기만 하면 언제든지 다시 온다.[8]

이 사설의 필자는 "용상에서 내려다보는 것보다 서책 위에서 바라보는 것이 더 광대한 폭원幅員을 볼 수 있다"는 독일 작가 장 파울 리히터(1763~1825)의 말을 인용하면서, "반사되는 빛이 자연의 색보다 더 아름다운 것과 같이, 실상보다 환상이 더 아름답고 상쾌하다"는 문학적인 문장으로 책읽기의 가치를 찬양한다. 좋은 문학에서 얻은 기쁨은 사라지지 않고 "기억 속에 남아 언제든지 불러낼 수 있기에" 무엇보다 좋은 경험이자 배움이다. 그런데 과연 어떤 문학 작품을 읽을 것인가. 우리가 가진 서책들 가운데에는 읽을 만한 것이 없으니 곧 서양의 문학 작품을 마땅히 읽어야 한다는 것이 이 필자의 주장이다.

문학 작품이란 도대체 얼마만큼의 가치가 있는 것인가. 문학이 가진 무한하고 영속적인 가치를 강조할 때 등장하는 것이 바로 그 유명한 칼라일의 "셰익스피어와 인도 중 하나를 포기해야 한다면 인도를 버리겠다"는 문장이다.

> 우리는 영국문호 카라일의 일어一語를 기억하노라. 즉 영국의
> 최대보고인 전인도를 포기할지언정 일 쉑스피아 문호를 버리지
> 못할 것을 절규하였도다. 잉글로색손 민족의 강점이 여기에
> 있으며 카라일의 일 경구가 만근의 중량을 가짐도 그 연유가
> 여기에 있도다. 실리주의의 영국민족도 오히려 학자의 권위를
> 존중함은 일견 기이함이 없지 않도다. 그러나 실리주의자인
> 영국인은 특히 이해의 타산에 명민한 것을 경복치 안할 수
> 없도다. 일 섹스피아와 전인도의 이해타산이 정히 카라일의
> 결단과 같은 것을 오인吾人(나)도 동감하노라.[9] (현대어 풀이)

이 신문 사설은 실리주의자로서 이해타산에 밝은 영국인들
조차도 인도보다 셰익스피어가 훨씬 가치가 높은 자산임을 내세
운다는 점을 강조한다. 영국을 진정 '세계의 양반'으로 만든 것은
광대한 영토도 황금도 아니고 셰익스피어와 뉴턴 같은 이들이라
는 말을 한 것은 『무정』의 작가 이광수였다.[10] 파인 김동환이 취
공鷲公이라는 필명으로 쓴 「문학혁명의 기운機運」[11]이라는 글을
보자. 그는 이 글에서 "폴란드의 애국시인 쉥비웻치(-시엔키에비치
*)", "독일혼의 찬미자 꿰데(-괴테)", "위대한 애국혼의 소유자 빠
이론(-바이런)"을 애국혼으로 말미암아 곧 세계적인 문호가 된 이
들로 호명하며, "조선에도 이러한 위대한 작가가, 일인의 쉥끼웻

치와 일인의 꿰테와 일인의 빠이론이 업슴을 슬퍼하지 아니할수
업다"라고 탄식한다. 여기서 염두에 두고 있는 조선문학이란 당
연히 새 시대의 우리말 한글로 된 문학을 말한다. 한문으로 된 전
통 시대의 글과 서적은 완전히 논외로 치부된다. 세계적이 될 수
있는 것은 오직 신문학, 근대 조선어로 된 문학이어야 하고, 조선
에 세계적 문학이 없다는 것은 이제 막 발흥한 조선어 문학의 역
사가 매우 짧고 조선어문으로 기록된 대저술이나 걸작이 아직
나오지 않았기 때문이라는 것이다.

당시 문사 지식인들이 생각하는 세계적인 문호란 곧 자국의
국민문학을 확립하는 데 기여한 이들이며 이 가운데에서도 특히
18~19세기의 문학인들이었다. 셰익스피어도 단테도 서양의 대
문호들이지만 무엇보다 우리가 모델로 삼을 수 있는 이들 곧 근
대문학의 대표적인 문호로 손꼽힌 이들은 거의 대부분이 바로
이전 세기인 19세기 작가들인 것이다. 실제로 1920~1930년대에
미디어들을 통해 문호, 대문호로 칭해진 이들은 표도르 도스토
예프스키, 조지 고든 바이런, 빌헬름 하우프, 윌리엄 블레이크, 헨
리크 입센, 레프 톨스토이, 막심 고리키, 요한 볼프강 폰 괴테, 알
렉산드르 푸시킨, 마크 트웨인, 찰스 램, 빅토르 위고, 이반 투르
게네프, 에밀 졸라, 토마스 만, 토마스 하디, 조지 버나드 쇼, 아나

●
헨리크 시엔키에비치(1846~1916)는 『쿠오바디스』로 1905년 노벨문학상을 수
상한 폴란드의 작가(소설가)이다.

톨 프랑스, 버트런드 러셀, 로맹 롤랑, 오스카 와일드, 앙드레 지드, 안톤 체호프, 윌리엄 예이츠, 허버트 조지 웰스, 제임스 조이스 등 거의 예외 없이 19세기에 태어나 19세기를 풍미하거나 20세기 들어서 당대에도 큰 영향을 미치고 있는 이들이었다. 노르웨이의 입센이나 미국의 마크 트웨인, 아일랜드의 오스카 와일드, 예이츠, 조이스 등 몇몇을 제외하면 모두 영국, 러시아, 프랑스, 독일의 작가들이었음을 알 수 있다.

그렇다면 이들 러시아와 영국의 문호들을 배우고 이들의 작품을 읽어야 하는 이유는 무엇인가. 동아시아의 후발 근대 주자들은 이들이 특히 자국과 자국어의 위상을 세계에 드높인 이들이라는 점에 무게중심을 두었다. 중국 중심의 세계질서에서 빠져나온 조선이 한문 중심의 세계관과 한문 문화에서 빠져나와 우리 국어로 글을 쓸 때만이 근대문학을 논할 수 있다. 그리고 그렇게 생산된 훌륭한 우리 문학은 셰익스피어와 괴테가 그러했듯 우리의 민족성과 민족어를 세계에 드높일 자산이 된다. 따라서 당시 조선에서 발흥하기 시작한 근대문학이 '국민성을 지도하는 큰일'[12]을 해야 하며 또 할 것이라 믿어 의심치 않았던 것이다. 조선어로 기록된 걸작, 세계적 대저술이 나오기 위해서는 무엇이 필요한가. 우선 서양의 걸작을 읽고 배우며 그런 가운데 우리의 길을 찾아야 한다는 것이 이 당시 지식 문화계를 지배했던 과제였다.

문호로 불린 유럽 작가들, 인류의 문화유산이 된 작품들

영국, 프랑스, 독일 등 유럽 작가들의 이름 앞에는 거의 예외 없이 문호文豪, 대문호라는 수식어가 따라붙는다. 뛰어난 대작을 쓴 작가, 문학사뿐만 아니라 역사적으로도 큰 의미를 가지는 걸출한 문인을 뜻하는 말인 문호란 작가, 소설가, 시인이라는 일반적인 명칭으로 담을 수 없는 최고의 찬사라고 할 수 있다.

일찍이 한문 문화권에서는 '시걸詩傑', '문웅'과 같은 표현이 있었고, 문호라는 말은 '시문호방', '시문호건', '시문호달詩文豪達', 즉 시문이 호방하다, 호건하다와 같이 스승이나 동료의 글을 칭송하기 위한 서술로 쓰였다.[13] 조선 중기 안동 유림을 대표하는 유학자이자 문장가인 구봉령의 문집 『백담집』에도 그를 '일대문호'로 칭송하는 제자 유생의 제문(행장)이 있고, 정상리의 『제암집』에서도 '불세출의 문호'라는 표현을 볼 수 있다. 문집이 보통 사후에 제자들에 의해 간행된다는 점에서 보면 문호라는 말은 학문(유학)의 경지가 높고 문장이 뛰어난 것으로 평가받는 문인 학자들을 칭하는 말이자 앞선 학자들의 학문적 성취를 칭송하고 기리는 말이었음을 알 수 있다. 그러던 것이 오늘날에 와서 '손에 꼽힐 정도의 문장가'라는 아주 한정적인 뜻으로 쓰이게 된 것이다. 이는 마치 '문명文明하다'라는 말이 전통 시대에 '문덕이 밝다'와 같은 서술적인 용법으로 쓰이다가 근대에 들어 'civilization'의 번역어로 선택되어 새로운 의미를 획득한 것과 유사하다. 전통적인 맥락에서 이탈하여 서양에서 유래한 개념이 그 말 위에 덧입혀진 꼴이라고 할 수 있는 것이다.

그런데 지금도 그렇지만 20세기 초에 다시 호출된 문호 또는 대문호라는 말은 일반적으로는 흔히 쓰이지 않았을뿐더러 특히 한국에서 이 말은 고금을 막론하고 자국 문인들에게 쓰이는 예가 흔치 않았다. 서양의 근대 문인·사상가들과 동일한 반열에서 자국의 인물들을 문호의 범주 안에 적극 편입시켰던 일본의 경우와 대조적이다.

일본에서는 1893년부터 수년에 걸쳐 『십이문호十二文豪』 시리즈를 발간했는데(추후에 열두 권 이외에 호외로 다섯 집을 추가하여 총 열일곱 권이 된다), 이 가운데 에도시대 일본의 문인·사상가 다섯 명이 엄선된 서양 각국의 문호와 대등하게 배치되어 있다.[14] 칼라일, 매콜리, 워즈워드, 괴테, 에머슨, 위고, 톨스토이, 실러, 바이런, 퍼시 셸리와 함께 일본의 유학자인 오규 소라이, 라이 산요, 아라이 하쿠세키, 극작가 몬자에몬, 소설가 교쿠테이 바킨 등을 나란히 반열에 세운 것이다. 이를 보면 현재(근대 이후) 쓰이는 바와 같이 시·소설·극 등의 각 장르에서 세계적인 작가라는 의미의 '문호literary giants' 개념과 동아시아의 전통적인 '문사文士'라는 개념이 이 기획물에 혼재되어 있음을 볼 수 있다. 문호라는 이름 속에 정치가, 사상가, 시인, 소설가, 극작가 등이 포함되어 있는 것도 그러하고, 절반은 서양의 19세기 작가들을 배치하고 절반은 17~18세기 에도시대의 자국 유학자들을 배치한 것도 문호라는 개념의 과도기적 적용으로 볼 수 있다.

20세기 들어, 특히 일제강점기에 우리나라에서 문호라는 말은 대개 서양의 작가들을 지칭하는 용어로 쓰였다. 20세기 초 거의 모든 매체에서는 괴테, 졸라, 위고, 톨스토이, 노벨문학상 수상자 골즈워디 등의 이름 앞에 거의 언제나 문호 또는 대문호라는 칭호를 붙였다. 서양 각국의 언어를 대표하는 유명 작가들을 '영국 문호', '불국 문호', '노국(러시아) 문호' 등으로 불렀던 것은 관용적인 현상이었다. 즉 '불국 문호 위고', '노국 문호 톨스토이'와 같이 짝을 맞추어 호명하는 식이다. 반면 일본 문호, 중국 문호라는 말은 거의 찾기 힘들다.[15] 『조선소설사』를 집필한(《동아일보》에 1930~1931년 연재) 김태준이 유독 김대문, 최치원, 박지원 등을 가리켜 '조선 문호'라는 명칭을 사용한 적이 있지만 이는 매우 이례적인 경우이다. 그렇다면 이 각국의 문호들과 그들의 작품을 통해 우리가 배울 수 있는 것은 무엇인가. 조선문학이 세계에 내놓을 만한 '문학다운 문학'이 되려면 이들로부터 어떤 힌트를 얻어야 할 것인가.

당대의 많은 신지식인들은 조선문학이 근대적인 문학으로 새로이 탄생하는 과정에서 피와 살이 된 것이 '세계적 명작'이라는 믿음을 흔히 내비치곤 했다. 즉 근대 이전의 전통 문화나 한문 문학이 아닌 "풍부하게 누적되어 있는 서구 문학"만이 그 자양분이 될 수 있다는 확신을 가진 이들이 있었다.[16] 심지어 영문학, 독문학, 불문학을 전공한 일부 외국문학 연구자들은 서양의 문학작품이 일국이 내세울 자랑스러운 그 나라의 유산일 뿐만 아니라 인류 전체의 문화유산이라는 인식을 내보였다. 물론 근대문학의 표본을 서양문학 자체로 인식하는 태도나 우리 전통의 현재적 가치를 부정하려는 움직임에 반발하는 이들도 분명 존재했다.[17] 또한 아무리 서양에서부터 들여온 신문학을 새로운 문학의 모델로 추구하며 전통과 이별하고자 하더라도 삶의 양식과 문화, 정신의 기저에 면면히 흐르는 전통적인 요소는 일거에 사라질 수 없는 일이다.[18] 그럼에도 불구하고 역시 이 시기 대세를 이룬 것은 서구화, 서양적인 무엇을 확대시키는 것이었음을 부인하기는 어렵다.

그렇다면 문호라는 말은 한국 문학의 장에서 서양문학을 수입하고 수용하는 과정에서 특별히 선별된 이들을 지칭하는 이름이라고 할 수 있을까? 우선 18~19세기에 자국 국민문학의 성립과 확장에 기여한 이들을 우리 근대문학의 롤 모델로서 문호로 지칭하는 현상은 분명히 존재했다. 이는 '조선 근대문학의 확립'이라는 과제를 해결하기 위해 끊임없이 외부적인(서양의) 것을 소환하는 방식이며, 특히 그 외부에 절대적인 권위를 부여하는 방식이다. 그런데 이러한 지향성 또는 목적성을 파열시키는 움직임들도 나타나기 시작한다. 일례로 《별건곤》이나 《삼천리》와 같은 상업대중지나 종합잡지에서는 세계적인 인물들의 경구나 격언집을 종종 많은 지면을 써서 소개했는데, 여기서 '세계문호'라는 범주 또는 용어는 시인, 소설가, 극작가 등의 작가들만이 아니라

서양의 위인들을 누구나 할 것 없이 통틀어 지칭하는 일반명사로 크게 확대된다.[19] 문호 개념이 전통 시대의 문사에서부터 근대 작가로 옮아가고 또다시 위인이라는 의미로 통속화되는 현상이라 할 수 있다. 이는 상업 대중잡지가 추구했던 또 다른 근대문학의 방향성을 보여준다. 1930년대 후반 대표적인 종합잡지인《삼천리》가 서양의 작가들에게만 한정되어 있던 문호라는 말을 중국과 조선의 문인들에게까지 이례적으로 확대한 것도 이와 궤를 같이한다.《삼천리》는 '세계문호강좌', '우리 근대문호'와 같은 기획으로 중국의 당대唐代 시인들과 우리의 조선시대 문인들을 적극 호출하기 시작했다.

「세계문호강좌」 (삼천리 문예강좌)(1936)
  – 양백화, 이백과 두보[20]
  – 월탄, 시성詩聖 백낙천白樂天 – 그의 생애와 예술[21]

「근대의 우리 문호」[22](1936)
  – 현상윤, 이조문학과 김농암
  – 안재홍, 다산의 사상과 문장
  – 유광열, 국초 이인직씨의 작품

성당盛唐 시대의 삼문호[23](1940)
  – 김억, 「백낙천의 문장과 인물」

－이병기, 「이태백의 생애와 문장」
　　－박종화, 「두자미의 일생」

　　조선과 중국의 전통 시대 문인들을 문호로 호출하는 것은 양면적인 의미를 지닌다. 하나는 서양 작가, 특히 19세기 이래 근대작가에게만 허락되었다시피 한 문호라는 말의 용법을 확장하는것, 다른 하나는 상업주의 저널리즘에서 마케팅의 수단으로 이말을 통속적으로 사용하는 것이다. 예컨대 1930년대 후반 당대의 인기 작가 이광수를 '조선의 문호'(《삼천리》, 1935. 8월호 '광고')로칭하는 것과 같은 경우이다.[24] 그렇다면 1930년대 중반 이러한경향이 등장하게 된 연원과 맥락은 어떻게 이해할 수 있을까. 이를 1920~1930년대 한국 근대문학의 장에 나타난 '문호 백년제',즉 문인의 탄생 또는 서거 100주년을 기념하는 행사와 관련시켜살펴볼 수 있다.

문호 백년제: 20세기에 19세기 유럽 문학을 불러내는 방법

20세기 조선에 등장한 '백년제'라는 형식

　　서양, 특히 유럽의 작가들을 대문호라 칭하고 이들의 작품을인류 공통의 문화유산으로 여기며 우리 조선문학의 모델로 삼았던 당시, 우리 문화계와 문학계에 나타난 흥미로운 현상이 있다. 주로 유럽 작가들인 서양의 위대한 문호들이 탄생한 지 또는 사망한 지 꼭 100년이 되는 날을 기념하는 행사였다. 물론 지금도 '100주년'이라는 형식은 해가 바뀔 때마다 새로운 주인공들을 등장시키며 떠들썩한 연례행사로 자리잡고 있다. 한국 문학사에서 2017년은 이광수의 『무정』이 발표된 지 100주년을 맞는 해였고 2018년은 나혜석의 「경희」라는 문제적인 작품이 나온 지 100년이 되는 해였다. 2019년은 1919년의 3·1운동을 기념하기 위한 정부, 사회단체, 학계 등의 기획과 행사가 물밀듯이 쏟아져 나온한 해로 기억될 것이다. 나라마다 자국민들에게 의미 있는 역사적인 인물들의 탄생일 또는 서거일을 기념하고 또 중요한 사건들을 현재에 기념하며 되새기는 것은 꽤 유서가 깊은 일이다.

동아시아의 왕조국가에서는 국왕이나 국가와 관련된 대사를 기념하여 잔치, 과거시험 등을 시행했는데, 그 기념의 단위는 주로 주갑, 즉 60갑자가 한 바퀴 돌아오는 시간인 60년(120, 180, 240년 등)이었다. 동양에서 주갑 대신에 세기, 즉 100년이라는 시간 단위가 도입된 것은 서양의 서력이 들어오고 이것이 음력(갑자)체제를 대체하면서부터라고 할 수 있다. 물론 여전히 주갑을 단위로 전통 시대의 인물이나 사건을 기념하는 경우도 없지 않다. 근대 서력 체계 이후에는 유교, (조선)왕조와 관련된 인물 및 사건에 극히 제한적으로 사용되곤 했다. 예컨대 공자 사후 40주갑(1922), 우리글 8주갑(1926), 영조 탄신 4주갑(1934), 병자호란 5주갑(1936)과 같은 경우이다.

우리나라에서 공식적으로 서력이 채택된 것은 1896년 조선이 대한제국이 되면서부터이다. 해방 이후에는 단기를 사용하다가 1961년 「연호에 관한 법률」을 통해 서력기원을 다시 사용하게 된다. 서양의 경우에는 100년 단위로 무엇인가를 기념하는 의례가 시작된 최초의 연원을 종교개혁 100년을 기념했던 1617년, 즉 17세기로 본다. 1517년 루터가 교회 정문에 95개조의 반박문을 못질한 사건을 꼭 100년 뒤인 1617년 독일 작센 지방에서 전단지를 만들어 기념한 것에서 기원을 찾고 있는 것이다.[25] 이 100주년 사건은 유럽 최대의 종교전쟁이라 할 수 있는 30년 전쟁(1618~1648)이 일어나는 데 하나의 불씨가 되었다는 점에서 단지 100주년을 기념한다는 것 이상의 의미를 가진다.

음력과 주갑을 대신하여 양력과 세기(100년)를 기준으로 역법 체제가 변화한 것은 60년 단위로 기념할 것을 100년을 기준으로 달리 계산한다는 식의 계산법의 문제만은 아니다. 동서양의 시간 기준, 세월을 헤아리는 단위가 일치하게 된 것은 사실상 동양이 기존의 시간관 또는 세월의 감각을 버리고 서구의 시간 질서를 받아들이고 그에 편입되었음을 의미한다. 서구의 문물, 제도, 사상, 문화의 수입이라는 것도 곧 이러한 시간 질서 및 감각의 재편과 떼어놓을 수 없다. 근대의 후발 주자들로 하여금 기존과는 다른 더 넓은 세계와 같은 시대를 살고 있다는 것을 경험하고 호흡할 수 있게 만드는 가장 기본적인 조건이 되기 때문이다.

예컨대 19세기와 20세기를 구분지어 사고하는 시대감각, 19세기 말의 세기말적인 분위기나 풍조에 대한 이해도 그러하다. 1910년 태어나 1937년에 사망한 시인 이상은 죽기 직전 벗인 김기림 시인에게 보낸 편지에서 "암만해도 나는 19세기와 20세기 틈바구니에 끼어 졸도하려 드는 무뢰한인 모양이오. 완전히 20세기 사람이 되기에는 내 혈관에는 너무도 많은 19세기의 엄숙한 도덕성의 피가 위협하듯이 흐르고 있소그려"라는 말을 남겼다. 또한 서양의 낭만주의를 18~19세기 유럽 문화와 떨어뜨려 생각할 수 없고, 모더니즘 예술이나 아방가르드(전위주의)에 대한 이해 역시 20세기 초 1차 세계대전(1914~1918)을 전후로 한 서양 문명의 패러다임 변화에 대한 이해를 전제하지 않고는 닿을 수 없다.

근대라는 시대는 지구상의 온갖 현상들과 사건들을 급격히 통합시키고 보편적인 공동의 경험으로 전환시키는(시키고자 하는) 움직임들로도 이해할 수 있다. 특히 20세기의 역사는 초국가적이며 단일하고 갈수록 통합되고 보편적인 세계를 창출한, 지구가 단일한 작동 단위로서 기능하게 된 시대이다.[26] 동아시아에서 이는 19세기 말에서 20세기 초에 본격적으로 시작되는데, 그 중심에는 역시 새로운 형식의 미디어, 글쓰기(문학), 교육(제도) 등이 있다. 새로운 미디어 체제와 형식이 새로운 글쓰기를 낳고, 그 형식을 채울 콘텐츠들을 파생시켰다. 교육을 통해 글을 읽을 수 있는 능력이 확대되면 이는 곧 독자의 확대로 이어진다. 이렇게 글을 읽고 쓸 수 있는 능력이 높아진 독자들은 전에 없던 신문이나 잡지라는 근대 매체를 통해 그 형식을 받아들이고 또 그에 걸맞은 내용을 학습하게 되었다. 그리고 그 지면을 채우는 정보 가운데 상당량은 외부에서 들어온 것이었다.

한국의 미디어에서 100년을 단위로 하여 특정한 날짜를 기념하는 백년제라는 형식의 행사를 보도하기 시작한 것은 20세기, 본격적으로는 1920년대의 일이다. 한국보다 일찍 서력기원을 쓰기 시작한 일본에서는 19세기 말부터 천황 탄생 천오백년제, 도요토미 히데요시나 도쿠가와 이에야스의 삼백년제와 같은 행사를 시행했고, 이는 한국의《대한매일신보》나 한일병합 후 총독부 기관지인《매일신보》등에도 종종 여과 없이 보도되곤 했다. 또 전보를 통해 서양의 온갖 정보들이 들어오면서 일본 매체의 외신 기사에 흔히 등장했던 소재 역시 서양 여기저기에서 거행된 백년제 관련 기사들이었다. 예를 들어 미국 발견 400주년(1888), 프랑스혁명 100주년(1889) 등을 기념하는 행사들이 해외에서 거행되었음을 알리는 기사들이 대서특필되었던 것이다. 1890년대에 발행된 일본《관보》의 외보란에 이런 외신 기사들이 정보로써 자주 제공되곤 했는데, '미국발견 사백년제'는 외보 가운데서도 스페인 관련 기사로 나온 것이었다.[27]

이러한 기념의 방식이 일본에서는 일상에서 행해지는 의례 또는 연례행사에 매우 빨리 스며들었던 것으로 보인다. 먼 나라 소식으로서의 백년제뿐만 아니라 자국의 인물, 도시, 신사神社, 개시開市 등 수세기의 역사성을 자랑하는 백년제들이 대등하게 등장하기 시작했다. 100년을 하나의 단위로 칭하는 '세기'라는 말은 원래 중국에서 황제의 세대 세대의 기록을 의미했는데 일본에서는 1876년 'century'의 역어로서 처음 사용되었고 1882년 경부터 이 개념이 일반에 정착하게 되었다. 1900년대에 일본에서 발간된 온갖 분야의 각종 잡지들(소년지, 외교지, 종교지, 법률지, 의학지)은 외국에서 이루어진 각종 기념행사들을 마치 자신들도 역시 이를 기념하는 것이 당연한 의무라는 양 부지런히 실어 날랐다. 그렇게 해서 활판술 발명자 구텐베르크 탄생 오백년제(1897), 프로이센 건국 이백년제(1901), 프랑스 민법전(나폴레옹 법전) 공포 백년제(1904),『돈키호테』출판 삼백년제(1905)와 같이, 몰라도 그만일 잡다한 정보들이 독자들의 상식과 교양을 위해 지면 위에 빼곡히 등장했던 것이다.

무엇보다 백년제는 주로 한 세기 전의 오늘, 그러니까 다른 세기이지만 같은 날짜를 기념하는 행사이기 때문에 특히 매일매일 발간되는 일간신문이 다루기에 매우 좋은 뉴스 소재였다. 잡지들도 유명한 역사 인물이나 문인들의 100주년을 알리는 정보들과 이를 기념하는 기획 기사들을 종종 내놓긴 했지만, 일간신문이 그 시의성이나 화제성에 있어서 우위에 놓일 수 있었음은 물론이다. 따라서 1920년 한국에서 민간 일간신문이 창간된 이후 서양과 일본에서 즐겨 취급하던 백년제 관련 기사 역시 이들 지면에 흔히 등장하게 됨을 볼 수 있다. 더구나 백년제라는 형식은 지금도 그렇듯이 매년 새로운 인물과 사건들로 풍성하게 채

워질 수 있다는 이점이 있다.

1920년대의 시작을 장식한 백년제의 첫 주인공은 나폴레옹이었다. 1821년 5월 5일 사망한 나폴레옹 백년제의 소식이 꼭 100년 뒤 1921년 5월 5일자《동아일보》에 나폴레옹의 큼지막한 사진과 함께 실렸다. "금일 불란서에서 성대히 거행될" 나폴레옹 백년제의 기사는 한 달을 넘게 배를 타야 닿을 수 있는 먼 타국의 오늘과 1921년 5월 5일자 조선어 신문을 읽고 있는 독자의 오늘을 일치시키며 그 엄청난 시차를 단숨에 뛰어넘게 만들었다. 기사의 일부를 살펴보자.

> 일천팔백이십일년 오월 오일! 곳 오늘 일천구백이십일년
> 오월 오일부터 만 백년 전 오전 다섯 시 사십 분은 세계를
> 한입에 삼키랴 하든 불란서의 큰 영웅 '나폴에온 일세'가
> 오십사 세의 장년의 나히로서 멀니 남방으로 '아프리카' 주의
> 서쪽 바다 가운데에 잇는 외로운 섬 '센트 헤레나'에서 최후의
> 긴 한숨을 지우며 처량한 최후를 지은 날이다. (…) 금일
> 불란서에서는 전국이 '나폴에온'의 사후 백년제를 성대히
> 거행할 터인대 '포수' 원수는 '나폴에온' 묘전에서 긔념연설을
> 한다더라.[28]

기사는 단순히 불란서에서 백년제가 거행됨을 예고하는 기사를 넘어서 나폴레옹의 생애와 업적 그리고 "최후의 긴 한숨을

지우며 처량한 최후를 맞은" 그의 마지막을 매우 감상적인 어조로 서술한다. 그리고 이 기사가 나오고 꼭 닷새 뒤인 5월 10일자로 「나옹(나폴레옹)백년제 성대거행」이라는 단신 기사가 '파리 5일발' 전보를 인용하여 짤막하게 실림으로써 5일자의 뉴스는 닷새 만에 팩트로서 다시 전달된다. 지구촌의 사건사고가 실시간으로 공유되는 오늘날과 달리 당시의 외신 보도는 교통과 통신이 빠르게 발달하고 있었음에도 여전히 시차가 있을 수밖에 없었는데, 닷새의 시차가 이를 보여주는 것이다.

이렇게 특정한 날짜에 탄생 또는 서거한 인물의 백년제 소식을 전하며 그의 일생을 상식 또는 정보의 차원에서 간략히 요약, 정리해주는 형식은 매우 초보적이며 일반적인 형태의 기사라고 할 수 있다. 이는 외신 '받아쓰기'만으로도 충분히 감당할 수 있는 종류의 뉴스이기 때문이다. 이는 프랑스의 오늘과 한국의 오늘을 동시에 어렴풋이나마 실감할 수 있게 해주긴 하지만 여전히 수입한 외래의 정보, 외국 사정에 불과할 수밖에 없다. 1920년대와 1930년대 내내 매년 이러한 백년제 행사 관련 소식들은 꾸준히 이어지는데, 중요한 점은 그것이 단지 같은 날짜를 살고 있다는 동시성을 보장해주는 것 이상으로 우리에게 어떤 의미를 가질 수 있는가 하는 점이었다.

유럽 문호들의 탄생과 죽음을 기린다는 것

백년제를 기념하기 시작한 이래 이 형식에 가장 걸맞으며 또 대다수를 차지하는 것은, 지금도 그러하지만 인물(위인)의 탄생 및 서거와 관련한 것들이다. 그런데 처음 이러한 기념의 형식이 시작된 당시에는 서양 문호들의 탄생 또는 서거 100주년을 기념하는 백년제가 그 핵심을 이루고 있었다. 다음 표는 20세기 전반기 신문, 잡지 등의 매체에서 백년제의 주인공으로 소개된 이들과 사건들을 연도별로 정리한 것이다.

표 3 일간신문에 소개된 백년제 인물과 사건

연도	인물	관련 지면 및 게재 날짜	사건
1910	링컨(1809 탄생●)	《소년》 1월.[29]	
1921	나폴레옹(서거 100)	《동아일보》 5.5., 10. 《조선일보》 5.11.~15.[30]	
	도스토예프스키* (탄생 100)	《동아일보》 12.1.	
1922			브라질 건국(100)
1924	수운 최제우(탄생 100)	《조선일보》 10.28., 29.	
	바이런*(서거 100)	《시대일보》 4.19. 《동아일보》 4.21.	
1926	라에네크(서거 100)	《동아일보》 12.17. 《조선일보》 12.16.	
	베토벤(서거 100)	《동아일보》 2.13., 22., 3.26. 《조선일보》 3.26., 4.1.~2. 《매일신보》 3.26.	

●
기사의 게재 연도가 생몰년 기념 연도와 다른 경우는 미리 기념 소식을 알린 것이거나 관련 정보를 입수하는 데 시차가 발생했기 때문이다.

1927	하우프*(서거 100)	《동아일보》 11.22.	하모니카 발명 (100)
	페스탈로치(서거 100)	《중외일보》 11.22., 2.17. 《동아일보》 2.25.	
	해월 최시형(탄생 100)	《매일신보》 1926.8.10. 《조선일보》 3.20.	
1928	톨스토이*(서거 100)	《동아일보》 9.3., 11.1. 《조선일보》 1927.6.13., .16.~17., 1928.9.21.~28.[31] 《매일신보》 9.1., 4.	
	입센*(탄생 100)	《동아일보》 4.1.~10. 《조선일보》 3.20.~23.[32] 《매일신보》 1927.5.23. 《동광》 14호, 1927.6.1.[33]	
	블레이크*(1827 서거)	《동아일보》 4.1.~10.[34]	
	고리키*(서거 60)	《동아일보》 9.15.	
	슈베르트(서거 100)	《동아일보》 12.13. 《매일신보》 12.13.	
1930	커토너*●(서거 100)	《조선일보》 8.12.	
	케플러(서거 300)	《조선일보》 10.23.	
1931	헤겔(서거 100)	《동아일보》 11.14.~17.[35] 《조선일보》 11.12. 《신흥》 5호, 7.5.	런던브리지 개축 완료(100) 천주교 조선대목구 설정(100)

● 요제프 커토너는 '헝가리의 셰익스피어'로 불리는 19세기의 극작가로 『반크 반』 등의 작품을 남겼다.

연도	인물	신문 기사	세계사
1932	괴테*(서거 100)	《매일신보》 3.21., 4.17. 《동아일보》 1.15, 3.22 　　(전면특집)~4.2, 19. 《조선일보》 1931.10.3., 　　1932.3.22.(전면특집)~25. 《문예월간》 2권 2호, 3월. 　　(괴테 특집)	
	스피노자(탄생 300)	《동아일보》 11.25.	
	워싱턴(탄생 200)	《동아일보》 2.23.~28.[36]	
1933	노벨(탄생 100)	《동아일보》 11.13. 《조선중앙일보》 11.13.	
	투르게네프*(서거 50)	《동아일보》 8.20.(특집), 23. 《조선일보》 8.22.(특집)~26.	
1934	트웨인*(1835 탄생)	《동아일보》 7.29.~8.2., 　　1935.6.1., 15. 《조선중앙일보》 11.30., 12.2.	호주 멜버른의 영국 식민지화 (100) 루터, 성서 독일어 번역(400)
	멘델(서거 50)	《동아일보》 9.5.	
1935	다산 정약용(1836 서거)	《동아일보》 7.16. 《조선일보》 7.16. 《신조선》 12호, 8월.[37]	
	위고*(서거 50)	《동아일보》 6.1.(전면특집) 《조선일보》 5.23.(특집)[38]	
	램*(1834 서거)	《조선중앙일보》 1934.8.3. 《동아일보》 2.3. 《조선일보》 2.3.	
1936	와트(탄생 200)	《동아일보》 1.26.	독일 철도 개시 (100) 프랑스 개선문 완공(100) 미국 하버드대 설립(300) 칼뱅, 『기독교 강요』 출간(400)
	에라스무스(서거 400)	《조선일보》 8.5.	
	루제 드릴(서거 100)	《동아일보》 5.5.	

1937	뵈르네(서거 100)	《동아일보》 8.18.~19.	프뢰벨, 최초의
	스트라디바리(서거 200)	《동아일보》 9.1.	유치원 설립(100)
			다게르, 사진술
	푸시킨*(서거 100)	《동아일보》 1935.1.23.	발명(100)
		《조선일보》 1935.9.13., 12.18.	데카르트, 『방법
		《삼천리》 9권 5호, 10월.	서설』출간 (300)
	율곡 이이(1536 탄생)	《매일신보》 7.29.	베를린시 설립
			(700)
1938	비제(탄생 100)	《동아일보》 10.23.~27.[39]	
1939	세잔(탄생 100)	《동아일보》 3.30.~4.7.[40]	
1940	졸라*(탄생 100)	《동아일보》 4.11.~12.[41]	구텐베르크,
	파가니니(서거 100)	《조선일보》 1.18.	활판술 발명
	차이코프스키(탄생 100)	《동아일보》 5.18.~26, 6.9.	(500)

위의 표에서 보듯이 40여 명의 인물 가운데 15명(*표시)이 주로
18~19세기를 풍미한 서양의 문인이며, 예술가가 7명, 철학자와
사상가가 9명, 과학자가 5명 등이다. 한편 인물이 아닌 역사적 사
건과 관련한 백년제의 경우에는 활판술 발명, 사진술 발명, 『방법
서설』 출간과 같은 세계사적인 사건도 있지만 주로 브라질 건국,
하모니카 발명과 같이 잡학 상식 차원의 외신 뉴스들이 많았다.

조선인으로는 유학자인 다산과 율곡, 천도교의 최제우와 최
시형 네 명의 이름이 눈에 띈다. 일본에서 자국의 인물들을 기념
하는 백년제가 활발하게 기획되고 실시되었던 것과는 매우 대조
적이다. 물론 당시 식민지였던 현실에서 전통 시대의 인물들과
사건들을 기리고 소환하는 것에 제약이 있었으리라 짐작할 수
있다. 그렇다고 하더라도 여기에는 서양 중심적인 편향성이 두드

러진다. 외래의 형식이 우리의 역사와 문화 안에 적용되고 체화
되는 데에는 시간이 더 필요했다고도 볼 수 있다.

위의 표에서 확연히 드러나는 점은 백년제 관련 뉴스들 가운
데에도 단발성 기사들과 연속 기사가 나뉜다는 점이다. 케플러,
멘델, 와트, 커토너 등의 경우처럼 100주년이라는 사실을 기록하
고 환기하는 단발성 기사들은 대체로 '해외 소식', '해외문예 소
개' 등의 외래 정보에 해당한다. 반면 복수의 매체에서 여러 날
짜에 걸쳐 등장하는 나폴레옹, 베토벤, 톨스토이, 입센, 블레이크,
헤겔, 괴테, 워싱턴, 투르게네프, 트웨인, 정약용, 위고, 램, 푸시킨
등의 기사들은 100주년을 기회로 하여 그의 생애, 예술과 사상을
여러 면에서 조명하는 특집 기사 또는 특집 지면으로 꾸며져 있
다. 이는 곧 외래의 것, 외래의 형식을 그저 우리와는 직접 상관
이 없는 외국에서 벌어지는 '저들의 일'로 치부하는 것이 아니라,
적극적으로 향유하고 참여하고자 하는 양상이 나타나기 시작했
음을 보여준다. 그렇다면 백년제라는 형식의 기획과 특집으로 누
가 무엇을 어떠한 맥락에서 어떠한 방식으로 선택하고 서술하고
있는지를 살펴볼 필요가 있다.

우선 20세기 초에 100주년의 주인공이 되기 위해서는 19세
기 초에 태어나거나 세상을 뜬 인물들이어야 한다. 19세기는 시
민혁명과 산업혁명이라는 서양의 근대를 만든 두 사건이 결정적
인 조건이 된 시대인 동시에 풍성한 근대 문화의 산실이 된 세기
이다. 따라서 적극적으로 재발견하고 재조명해야 할 19세기라는

발상은 근본적으로 유럽 중심의 사고이자 문화라고 할 수 있다. 20세기 초까지는 유럽이 세계를 주름잡던 시대이므로 그들의 전 세계 식민지들뿐만 아니라 세계 각지에서 19세기를 기념하는 연 례행사가 기획되었던 것도 무리는 아니었다. 19세기의 어떤 강 력한 힘이 20세기의 주민들로 하여금 그것을 돌아보도록 촉발했 다고도 볼 수 있지만, 20세기의 시대적인 요구가 19세기를 적극 적으로 불러낸 것이라고도 할 수 있다. 무엇보다 20세기의 백년 제에서 중요한 점은 그것이 단지 세계적인 인물과 사건을 기리 고 기념하는 행사라는 점을 넘어서서, 현재에 이르기까지 근대를 형성해온 기획들의 궤적을 되짚어보는 기회라는 데 있다. 특히 문학의 경우 19세기 문인들의 백년제는 각국 국민문학의 확립 과정과 동궤에 놓인다. 이러한 축제이자 기획을 당시 조선에서도 적극적으로 수용하고 실험해보고자 한 이들이 있었는데, 1920년 대 후반 신문, 잡지의 지면을 장악하며 저널리즘에 대거 진출한 소위 '해외문학파'라 불린 외국문학 전문가들이 대표적이었다.

해외문학파란 주로 일본 대학에서 영문학, 독문학, 불문학을 공부하고 돌아온 김삼규, 김진섭, 박용철. 서항석, 조희순(이상 독 문학), 김광섭, 이하윤, 정인섭(이상 영문학), 이헌구(불문학), 함대훈 (노문학) 등을 일컫는다. 이들은 동경 유학 시절 1926년 '외국문학 연구회'를 결성했고, 1927년 1월 잡지 《해외문학》을 발간했다(2호 로 종간). 그리고 1929년 즈음에 귀국하여 《동아일보》 등 신문지면 에 외국문학 소개 및 비평을 활발히 게재하면서 우리 문단에 적극적인 목소리를 내기 시작했다.[42] 이들은 노골적으로 '빈약한 조선문학 – 위대한 서양문학'이라는 인식을 드러내거나, 의역과 중역 위주였던 기존 조선어 번역의 수준을 공격하면서 문단에 등장하자마자 적잖이 논쟁을 불러일으켰다.[43]

조선문학에 대한 그들의 입장과 그들이 추구한 문장들에 대해서 기성 문단에서는 주로 "모국어의 불구상태" 또는 "외국 냄새 나는 기괴한 문장"[44] 운운하며 혹평을 가했다. 그럼에도 불구하고 이들이 언론 지면을 활발하게 활용하면서 꿋꿋이 전개하고자 한 활동은 외국문학의 '제대로 된' 소개 및 보급이었다. 그리고 이러한 방편 가운데 하나로 도입한 것이 바로 서양에서 유래한 '센테너리centenary', 즉 문호 백년제였던 것이다. 서양이나 일본 문단에서 그러한 것처럼 우리도 이러한 행사 또는 의례를 실행해야 한다는 목소리를 가장 적극적으로 낸 바 있는 영문학자 정인섭의 글을 보자.

> 나의 기억으로서는 문호의 사상예술에 대한 문화운동으로서
> 백년제를 구체화하고 그리하야 민중으로 하야금 가능의 범위
> 내에서 문예사상에 관심시킨 적이 재래에 있어서는 너무나
> 희소한 소식이었다는 것을 느끼는 동시에 금번의 두옹과 아울러
> '고리키' 기억에 대하여서는 비교적 유기적 관계내지 조직적
> 연결에서 그를 기념하였다는 기쁨을 느낀다. "민중으로 하여금
> 문학 내지 사상예술에 관심시키라! 그리하여 그 효과를 보자!"

하는 것은 '입센' 기념 때나 '브레이크' 또는 '로제티'의 추억에 있어서는 나의 항상 주장한 바이로되 금차의 기회에 그것이 다소 현실화되어 9월 10일을 전후하야 《동아일보》 지상에서 외국문학연구회 이하윤 씨의 두옹백년기념의 글을 보았고 또 조선에서는 너무나 드물게 보는 문학문제의 사설에의 진출 '톨스토이 백년제'의 의의가 신문기관으로서의 종합적 문화운동의 일익에 대한 사회적 가치를 실현하였으며 《중외일보》 지상에서는 '레닌'의 두옹론이 역출되엇고 이선근 씨의 '고리키 육십년'에 대한 소감과 김온 씨의 두옹에 대한 '라디오' 기념방송 이외에 동회에서는 연구회와 좌담회가 있어 더욱이 '고리키' 작 '나그네'의 라디오극방송이 있었다. (…) 물론 민중에게 효과의 반영을 크게 기대할 수는 없다 하여도 이러는 가운데 무엇이 형성되어가는 외국의 예를 생각하면 또한 의미 깊은 사건이라 볼 수 있을 것이다.[45]

정인섭은 두옹杜翁(톨스토이) 탄생 100년을 맞이하여 영문학자로서 사옹沙翁(셰익스피어)과 비교하는 글을 장장 열두 회에 걸쳐 신문지상에 연재한다. 그가 생각하는 문호의 백년제는 일종의 문화운동의 의미를 가진 것이었다. 즉 "민중으로 하여금 문예사상에 관심을" 촉구할 수 있는 절호의 기회라는 것이다. 그런데 이전과 같이 '서양에서 어떠어떠한 행사가 있다더라' 하는 단순한 외신 뉴스의 나열을 벗어나기 위해서는, 주체적으로 "유기적 관계

내지 조직적 연결에서 기념"하는 것이 필요하며 그래야만 소기의 효과가 이루어질 수 있다고 봤다. 그는 1928년 조선에서 이루어진 톨스토이 백년제가 비로소 '유기적 조직적' 기념에 값한 것이라는 자부심을 내보이고 있다. 1928년 9월 10일 톨스토이 탄생 100년을 기념해서 전문가의 소개 및 해설, 신문 사설, 사진 기사, 기념 좌담, 기념 방송, 러시아 영사의 글 번역 소개, 모스크바에서 거행된 백년제 소식 등이 잇따라 외국문학연구회 구성원들의 활약 속에 등장했던 것이다. 1928년 당시《동아일보》지상에 소개된 톨스토이 탄생 100년 관련 글과 행사들은 다음과 같다.

이하윤, 「톨스토이 탄생백년」(1), (2),《동아일보》, 1928. 9. 2.~3.
「톨스토이 생탄 백년기념」,《동아일보》, 1928. 9. 10. (사설)
「톨스토이 생탄백년제」,《동아일보》, 1928. 9. 10.
「외국문학회의 두옹추억좌담 십일 카카듀에서」,《동아일보》,
1928. 9. 13.
「두옹과『고-리키』생탄기념방송」,《동아일보》, 1928. 9. 13.
치차옙(경성주재노농총영사), 김동진 역, 「톨스토이觀」(1), (2),《동
아일보》, 1928. 9. 19.~20.
「『모스코바』의 두옹백년제」,《동아일보》, 1928. 11. 1.

정인섭은 이러한 기념행사들이 얼마만큼 큰 문화운동의 효과를 가져올지는 미지수지만 적어도 민중들 속에서 문예에 대한

무엇인가가 형성되어가는 데 기여할 수 있으리라는 분명한 믿음을 내보인다.

외국문학연구회의 외국문학 전공자들이 보기에 조선문학, 즉 조선어로 쓰이기 시작한 우리의 근대문학은 삼십 년밖에 안 되는, 빈약하고 무력한 문학이었다.[46] 따라서 조선문학이 문학다운 문학이 되기 위해서는 우선 조선의 민중들과 지식인들이 세계적인 명작(고전)을 통해 예술적 감흥을 느끼고 학습하는 것이 필요하다고 보았다. 외국 작가의 백년제를 조선에서도 세계와 동시에 그리고 조직적으로 거행하는 일은 단지 "부르주아적 회고적 유희"가 아닌, 세계 문화유산에의 참여이자 우리 근대 문화를 위한 실천이었던 것이다.[47] 그리고 이들의 이런 기획과 참여 의지는 독일 작가 괴테의 사후 백년제에서 좀더 구체화되는데, 1932년 3월 22일 괴테의 기일에 맞추어 나온 《동아일보》와 《조선일보》의 괴테 백년제 기념 특집면과 여러 문예 잡지들의 괴테 특집이 바로 그것이다.

1932년의 '괴테 백년제'와 1935년의 '위고 오십년제'가 낳은 것

조선에서도 등장한 1932년의 괴테 특집은 이 기획이 몇몇 개인의 학식이나 취향을 뽐내는 장이 아니라 집단적 노력과 조직에 의해 공들여 준비된 것임을 한눈에 보여준다.

《동아일보》와 《조선일보》에서는 각각 한 면 전체를 통틀어 괴테 특집 지면을 꾸몄는데,《동아일보》의 4면 특집면을 보면 가장 앞에 괴테 '최후의 초상'을 배치하고 프랑크푸르트의 생가 사진, 이탈리아 여행 중의 괴테 사진, 「시민의 의무」라는 시의 육필 사진에 괴테의 묘지 사진까지, 자료 사진이 다양한 크기로 중간 중간 적절히 배치되어 있다. 또 자투리 공간에는 「애수」,「유쾌한 뱃길」, 「충고」 등 괴테의 시가 박용철, 서항석 등의 번역으로 실려 있고, 괴테의 상세한 연표, 괴테 어록도 일부 지면을 차지하고 있다.

그 밖에 외국문학연구회의 독문학 전공자들인 서항석, 김진섭, 조희순의 글이 지면을 채우고 있으며,[48] 마지막으로 이들이 주도하는 '괴테의 밤'이 열릴 예정이라는 예고 기사가 실려 있다. 백년제 기념 모임의 예고 기사는 "괴 - 테의 생활 및 예술에 관한 담화를 주로 하고 특히 빅터 - 회사가 제공하는 괴 - 테에 관한 레코드 「에그몬트 서곡」, 가극 「파우스트」, 가극 「미뇽」, 「마왕」 등을 껴서 세계적 문호의 백년제답게 하룻밤을 보내리라"고 쓰고 있다. 다음 날 1면에는 톨스토이 백년제 때와 마찬가지로 괴테 백년제 관련 사설이 실렸는데, 제목은 「괴테백년제 - 예술적 독일의 대표자」였다. 1면 사설에 저 먼 나라 독일의 작가 괴테의 백년제가 등장한 연유는 어디에 있을까. 다음은 이 사설의 마지막 대목이다.

조선민족도 또한 그의 고유한 독창력을 발휘하야 전 세계의

문화에 그 담당한 부문을 공헌해야 할 것이다. 이러한 중대한
사명의 수행을 당하야 그 앞에 장애되는 것이 있으면 먼저 이를
제거하야 민족적 개성의 발휘를 원만히 할 방도를 개척해야 될
것은 물론이거니와 또는 적으나마 과거에 있는 조선의
문화유산을 계승하고 미래를 향하야 조선적 문화의 수립을
외칠 만한 대사상, 대예술의 발견을 위한 창조적 노력이 또한
필요하다. 그러기 위해서는 사회적으로는 문화생장의 필수적
환경의 개척을 힘쓸 것이요 개인으로는 위대한 작가의 출현을
대망하지 않을 수 없는 것이다. 조선의 괴테여 어서 나오라.

사설이 전하고자 했던 말은 제일 마지막 한 문장, "조선의 괴
테여 어서 나오라"에 집약되어 있다. 이 글은 우리 민족이 고유한
독창력을 바탕으로 전 세계 문화에 공헌하는 사명을 수행해야
한다고 역설한다. 1928년 톨스토이 탄생 100주년 기념 사설에서
는 볼 수 없었던 목소리이다. 당시 톨스토이 백년제의 사설은 우
리 조선인들이 어째서 저 노국의 톨스토이를 기념해야 하는가에
대해 자문하며 이렇게 답하고 있다.

톨스토이의 사상이나 문학이 현금 우리 조선에서 그다지 깊은
근거는 가지지 못하여 소위 '톨스토이안'은 적어서 무력하다고
'톨스토이안'으로 그의 생탄 백년제를 기념치는 안는다 할지라도
일개인의 문학이나 주의사상이 전 민중 전 국가에 얼마나 큰

영광을 주는 것만이라도 정초定礎하고 생각할 것인가 한다.

조선에서 백년제를 기념하는 일이 필요한 이유는 그것이 "문학이나 사상이 전 민중, 전 국가에 얼마나 큰 영향을 주는지"[49] 알 수 있게 해주며, "민족성과 민족어에 근거하여 독특한 문화를 창조하고 서로 교환하는 일"[50]이 왜 중요한지를 알려주기 때문이다. 이러한 학습을 통해 아직은 나타나지 않은 조선의 문호, 조선의 걸작을 기다린다는 의미도 있다. 사실 당시 일본에서 괴테협회까지 결성하여 괴테연감, 괴테 백년제 기념 연구서를 출간하고 괴테전집을 기획하는 등 대대적으로 기념사업을 추진하고 있던 것에 비하면[51] 이러한 시도는 매우 소략하고 압축적인 감이 있다. 그러나 한 줌밖에 되지 않는 조선의 외국문학 전공자들로서는 기념사업이라는 소기의 목적을 달성하기 위한 방편으로 신문이라는 미디어를 적극 활용했던 것이고, 또 이를 가장 효과적으로 이용한 사례임은 분명하다.

그럼에도 불구하고 서양 문호의 100주년을 기리는 기념제가 조선에서 도대체 어떤 의의와 효용을 가지는지에 대한 질문은 계속될 수밖에 없었다. 특히 외국 문화와 문학을 수용하는 입장에서는 이러한 기념행사에 동시적이며 적극적으로 참여해야 하는 이유를 의식적으로 묻고 또 묻게 되었다. 괴테 백년제가 있은 지 3년 뒤인 1935년에 프랑스의 문호 빅토르 위고 사후 50년을 기념하는 회합이 열리는데, 모임의 후기에도 이 질문은 등장한다.

지난 이십이일 유고의 사후 오십 년을 기념하는 회합이 있었다. 근래 더욱 적막을 느끼는 우리의 문예계에 있어서 적이 한 큰 화제를 제공하였다는 점에서 주목할 거사라고 할 수 있었다. 그러나 그 뒤의 소식이 전무함을 보면 아마 이 회합이 단지 순간의 화화火花에 지나고 마는 것이 아닌가 한다. (…) 우리가 어떤 사상가나 문호를 그의 기일을 당하야 기념한다고 하는 것은 결코 오십이라든가 백이라든가 하는 숫자에 매혹을 느껴서 하는 바가 아니요, 그 사상가나 문호에 있어서의 '역사적인 것'을 우리의 세대와 관련하야서 더욱 우리의 '지금과 이곳'에 필요 적절한 한에 있어서 재비판하야 섭취하자는 데에 있어서만이 유의의한 것이다. '복고'를 위하여서가 아니라야 하며 엑쏘틱한 애호이어서도 안 된다. (…) 적어도 문단인이라고 하는 이들, 유고 기념의 회합에서 논의된 바를 더욱 전개시킬 생각은 없는가?[52]

이 글의 필자는 백년제를 기획함에 있어서 오십이나 백이라는 숫자에 매혹당하는 것은 주객이 전도된 것임을 분명히 한다. 문호를 기념하는 의미는 오직 '지금 이곳'의 우리 세대와 관련하여 어떤 역사적 의의가 있는가에 한해서만 성립될 수 있을 뿐, 그것이 '복고'라든지 새롭고 낯선 것에 대한 '엑쏘틱exotic한 애호'가 되어서는 안 된다는 점을 꽤 날카롭게 지적한다. 사실 이전 괴테 백년제는 네다섯 명의 독일 문학 전공자들이 중심이 되어 그들이 주도적으로 모든 것을 기획한 행사인 데 반해, 빅토르 위고 기념회합의 경우 발기인에 이름을 올린 문인이 스무 명이 넘는다는 점이 이채롭다. 1935년 5월 22일 오후 다섯 시 경성 시내 백합원에서 열린 '유고의 밤' 행사를 준비한 이들의 명단에는 이광수, 변영로, 김동환, 정인보, 정지용, 박용철, 박팔양, 모윤숙, 함대훈, 김억, 이태준, 이하윤, 김상용, 주요한, 김기림, 정인섭, 이은상, 오희병, 조희순, 이헌구, 서항석의 이름이 올라 있다.[53] 이러한 사실로 볼 때 1935년경에는 적어도 형식적인 면에 있어서 백년제(오십년제)라는 제도가 조선에 완전히 안착한 모양새였다.

1936년 '다산 백년제'를 둘러싼 논쟁

백년제라는 기념의식 또는 의례에 나타난 이러한 서양(유럽) 중심주의, 서양문학 편향성은 다른 한편으로 이전까지 등한시했던 조선의 고전과 전통 문화유산에 대해 성찰할 것을 요구하는 움직임을 촉발한다. 바로 그 이듬해인 1936년은 다산 정약용(1762~1836)이 세상을 떠난 지 100년이 되는 해였기 때문이다. 다른 서양의 문호들에게 그러했듯이 다산의 사후 100년이라는 시점에 '다산 서세逝世 백년제'라는 기획이 도출되었다. 먼저 1935년 7월 16일에 《동아일보》에 관련 사설과 기획 기사들이 실렸다.[54] 그리고 앞서 보았듯이 1936년에는 잡지 《삼천리》의 지면에 20세기 들어 거의 처음으로 '근대의 우리 문호'라는 장문의 기획 논문이 실렸는데, 현상윤, 안재홍, 유광렬 세 명의 필자가 각각 꼽은 우리 문호는 농암 김창협(및 연암 박지원), 다산 정약용, 국초 이인직이었다. 신소설 작가이자 근대 언론인이었던 이인직은 그렇다 치더라도 '근대 문호'라는 제목과 조선시대의 문인 사상가들의 조합은 매우 낯설고도 신선하다. 어째서 이러한 조합의 탄생이 가능해진 것일까?

우선 1935년 《조선일보》의 다산 백년제 기념 특집을 살펴보자. 안재홍의 논문으로 채워진 특집면에서 눈에 띄는 부분은 "현대에 빛나는 위업", "서구정통경제학적 정책", "민주주의자의 이데올로기"와 같은 표현이다. 말하자면 다산의 현재적 의의란 그가 선취한 현대성, 서구의 사상과 비견되는 그의 현대성에 있다는 것이다. 《동아일보》의 특집에서도 비슷한 어조는 어김없이 등장한다. "서래西來의 문명을 검처 잡은 굉석宏石"[55], "공상적인 XX(공산)주의적 경제이론의 맹아형태"(백남운)[56]라는 표현들이 그것이다. 이는 당시 다산의 사상이 조선학의 주창자들과 공산주의자들에게 서구적 근대와 조선적 전통(맹아)을 결합시킬 수 있는 최적의 장소로 발굴되고 있음을 보여주는 증거라 할 수 있다.

안재홍은 1936년 《삼천리》에 게재한 「다산의 사상과 문장」이라는 글에서도 똑같은 태도로 다산의 사상 세계를 서술한다. 이 글에서 가장 특징적인 부분은 다산의 저작들을 서양의 루이스 모건의 『고대사회』, 에밀 루소의 『민약론』(사회계약론)과 유사하다고 지적하는 대목이다.[57] 그는 다산을 조선이 가졌던 최대학자이며 사상 학식의 점에서는 근세 조선의 유일인이라고 칭송하는 데에서 나아가 근대 국민주의의 선구자임을 내세운다.[58] 심지어 다산의 『전론』에서 보이는 사상의 일부는 일종의 국가적인 사회민주주의의 명백한 사상체계를 방불케 한다는 주장까지 하고 있다. 이 역시 다산을 최대한 서구 근대사상의 맥락 속에서 이해하고 그 반열에 합류시키려는 시도인 것이다.

실학을 발명하고[59] 조선 사상사를 새로 쓰고자 했던, 내재적 발전론의 선구라고도 볼 수 있는 안재홍은 이후에 「천대되는 조선」이라는 글을 발표한다. '천대'라는 제목을 통해서도 그 취지를 다분히 짐작할 수 있는 이 글에서 그는 다산을 러시아 시인 푸시킨과 대비시키는데,[60] 이러한 태도는 적잖이 논란이 되었다. 1930년대 중반 조선학의 재발견과 부흥이 화두로 등장했던 시점, 전통을 부흥시키는 명분이 무엇인가 하는 문제가 제기된 것이다. 조선시대의 사상가를 서양의 사상가들과 일대일로 대응시키는 시도는 특히 반발을 불러일으켰다. 그러면 다시 다산 서세 백년제로 돌아가보자. 다음은 《동아일보》 학예부에서 이를 기념해 주최한 강연회 예고 기사의 일부이다.

종래로 여러 외국의 석학이나 문호의 생·사후 백 년 또는
오십 년을 기념한 일은 여러 번 있었으나 우리사상 큰 족적을
남긴 어른들을 위하야 간소한 기념회합이나마 가진 일이 적었던
것은 매우 유감되는 일이다.
이제 우리 근세의 석학이요 사상가인 다산 정약용 선생의
서세 백 년을 기념하기 위하야 이 조그마한 특집을 내거니와

다산 선생의 학문과 사상은 금일에도 오히려 그 존재의의를 발견하리만치 현대와 상통하는 점이 많이 있으므로 차제에 선생에 대한 이해와 인식을 더욱 널리 깊이 또 새로이 함이 필요할 것을 인하야 본사에서는 학예부주최로 오는 이십일(토) 오후 칠시 반부터 본사 삼층 홀에서 기념강연회를 개최하기로 하였다.

연사는 다산선생의 사상학문에 대한 조예가 남달리 깊은 사계의 권위 정인보, 백남운, 현상윤 삼씨로서 다산선생의 경력과 학문과 사상을 강술하는 동시에 그 현대적 의의를 천명하야 크게 계발함이 있을 줄 믿는다.[61]

다산 서세 백년제를 거행하는 의의는 크게 두 가지이다. 첫째로 그동안 외국의 문호를 숱하게 기려왔던 것처럼 "우리 역사상 큰 족적을 남긴 어른들"을 기념하는 일을 시작해야 한다는 점, 둘째로 다산의 사상은 "현대와 상통하는 점이 많은" 이유로 그에 대한 이해와 인식을 널리 깊이 또 새로이 해야 한다는 것이다. 그런데 위에서도 언급했듯이 서양 문인 일색으로 이루어졌던 백년제라는 형식으로 다산을 기념하려는 시도, 특히 서양의 근대 문호들과 일대일로 맞대응시키거나 비교하는 태도는 일부 지식인들의 논박의 대상이 되었다. 김남천과 전원배 두 사람이 각각 「조선은 과연 누가 천대하는가?」[62], 「천대되는 조선에 대한 시비」[63]라는 글로 안재홍의 「천대되는 조선」을 반박한 것이다. 그렇다면

'다산 백년제'를 '푸시킨 백년제'에 빗대어 취급하고 있는 안재홍의 주장에 부정적인 이유는 무엇이었을까.

> 안재홍 씨는 "역사적 구실 및 현대적 가치를 재음미, 신인식"
> 운운하였음에도 불구하고 역사적 유산의 현대적
> 계승방법에 대하야 좀 더 반성할 필요가 없지 않을까 생각된다.
> (…) 씨가 러시아 문호 '푸슈킨'을 예로 들어 정다산의 역사적
> 가치를 동일시한 점에 대하여는 자못 의문을 갖지 않을 수 없다.
> (…) 현재 '싸베-트 러시아'에서는 푸슈킨을 분석 검토할 필요를
> 느끼는 현실적 조건이 이미 해결되어 그 '백년기'를 성대히
> 거행할 준비를 하게 된 역사적 단계에 이르렀으되 (…)
> 정다산의 역사적 의의를 분석 비판 파악하는 대신에 '싸베트
> 러시아'의 푸슈킨 기념제를 모방하야 축제 소동을 일으킬
> 필요는 없을 것이다.

동경에서 서양철학을 공부하고 돌아와 '조선철학회'를 만든 (1933) 전원배는 한마디로 '역사적 유산을 어떻게 현대적으로 계승할 것인지' 그 방법에 대한 성찰이 먼저라는 입장을 분명히 한다. 즉 푸시킨 백년제를 모방하여 다산 백년제를 거행하는 것은 우리에게 아무런 역사적·현실적 필요와 조건이 마련되지 않은 한낱 축제 소동에 불과하리라는 것이다. 앞서 소설가 김남천은 안재홍에 대해 "그들(다산과 충무공)의 옷자락 뒤에 숨어서 치기 어

리게 아웅을 하고 있다"며 거친 혹평을 내놓기도 했다.

이와 같이 서양 문호의 백년제를 기념하는 온갖 행사들이 동시대 세계의 흐름에 참여하기 위한 행위 또는 근대적인 문학운동의 일환으로 활발하게 전개되었던 것과 달리, 우리 전통 유산을 소환하여 기념하는 일은 그 일을 행해야 하는 분명한 근거와 현재적 의의를 밝히라는 명분을 요구받았다. 이는 백년제라는 형식을 통해 과거 유산에 대한 관심을 환기하고 이의 현대적 계승 방법을 성찰하려는 입장과, 먼저 그 전통의 현재적 의의를 규명하고 그에 입각해서 과거를 불러내야 한다는 입장이 대립하고 충돌했던 장면이라고 할 수 있다.

조선시대가 끝나고 또 그 시대가 극복과 청산의 대상이 되면서 근대와 전통을 이분법으로 가르고 둘 사이를 단절시키고자 하는 태도가 오랫동안 당대 문화를 지배했던 것이 사실이다. 신문화, 신문학을 건설하는 데 있어서 전통은 지난 과거의 철 지난 유물 또는 이미 시대착오적이 되어버린 폐허에 지나지 않는 것으로 믿는 이들도 많았다. 어쩌면 서양 문호들의 백년제를 모방하고 추종하기 바빴던 십여 년의 시간 이후, 우리의 전통 유산에 어떻게 대면할 것인가에 대한 은폐되었던 질문들과 갈등이 1930년대 중반에 이르러서야 다산과 백년제의 접합을 통해 표출되었다고 볼 수 있을 것이다.

작가들의 영감의 원천이 된 유럽 문학과 작가들

우리에게 있어서 근대문학이 이전의 전통 시대 문학과 다른 가장 큰 차이점은 '문文', 즉 글쓰기와 읽기라고 하는 것이 양반 사대부 등 특정 계층의 전유물이 아닌, 읽고 쓸 줄 알게 된 누구에게나 열려 있다는 점이다. 근대문학의 작품들은 말과 글이 일치된 언문일치의 문장과 일상의 언어, 한글 글쓰기를 지향했으므로 원칙적으로 누구나 작가가 될 수 있었다. 국민교육, 보통교육의 확대를 통해 읽고 쓸 수 있는 사람들이 점차 증가했던 것이 이를 가능하게 한 조건이었다.

물론 지금과 달리 근대문학이 시도된 초창기에는 단지 글을 지어내는 작가가 아니라 문사, 즉 글을 다루는 선비, 지식인으로서의 의미가 여전히 강했기 때문에, 비교적 높은 수준의 교육을 받고 고급의 지식을 접할 수 있었던 매우 소수의 사람들이 문인과 작가라는 직업을 가질 수 있었다. 20세기 초 당대를 풍미한 작가들은 거의 대부분이 고등교육을 받고 심지어 짧게나마 해외(주로 일본) 유학 경험을 한 이들이었다. 1920년대 계급주의 문예운동이 활발했던 사회주의 시대에 노동이나 공장 체험을 바탕으로 노동자 문학을 했던 송영이나 이북명 같은 작가들도 휘문고보, 함흥고보에서 공부한 소위 '학생 출신 운동가'였다.

전통 시대의 문사들과 달리 근대문학을 지향했던 이들이 작가가 되기 위해 거쳐야 했던 중요한 통로이자 '새로운 문학'에 대한 앎의 경험을 제공해준 가장 핵심적인 원천은 서양, 특히 유럽의 근대문학 작품들이었다. 오랜 전통의 관습에 따라 다섯 살이면 할아버지나 아버지에게 천자문을 배우고 여덟 살이면 춘향전, 심청전 등 옛 소설을 읽었던 이들 근대문학 작가들 대부분은 청소년기에 서양의 문학 작품을 접하고 탐독하면서 습작기를 보냈다. 처음부터 서양의 근대문학이 이들의 유년기와 청년기를 사로잡았던 것이 아니라 한문, 고전이라는 토대가 그 앞에 놓여 있었던 것이다.

1930년대 우리 문학에서 가장 기괴하고 낯선 작품을 쓴 작가 이상(1910~1937)이나 소설가 박태원(1909~1986)도 한문의 소양을 기본 토대로 갖추고 있었던 이들이고, 오빠와 함께 다섯 살에 천자문부터 배웠던 여성 작가 김명순(1896~1951)도 마찬가지였다. 그러나 결국 그들의 청춘 시절을 송두리째 바치게 만든 것은 물 건너 조선에 들어온 서양의 해외문예 작품들이었다. 그렇다면 이 작가들은 유럽의 어떤 문학 작품들을 어떻게 읽었으며 또 이 독서 체험은 그들의 삶과 작품에 어떤 흔적을 남겼을까.

몇 년 전인 2015년에 일본의 인기 작가 무라카미 하루키의 고등학교 재학 시절 도서대출 기록이 고베 지역 신문에 공개돼 논란이 된 적이 있다. 기자가 대출 기록을 살펴본 결과 하루키가 프랑스 소설가 조제프 케셀의 작품에 심취했었다는 내용이었다. 이에 대해 사생활 침해라는 비판이 제기되자 기사를 게재한 신문사 측에서는 '작가의 독서 기록은 학문적 연구 대상'이라는 논리를 내세워 맞섰다. 하루키가 현재 생존 작가이기 때문에 더 논란이 되었을 수 있는데, 사실 유명 작가들이 문학 수련 시절이나 습작기에 어떤 책을 어떻게 읽었을까 하는 독서 체험의 문제는 독자들이나 연구자들의 호기심의 대상임은 분명하다. 우리 근대 작가들 가운데에는 직접 자신의 독서 체험을 밝히거나 흠모하는 작가와 애독한 작품들에 대해 기록해놓은 경우가 꽤 있다. 근대 문학 작가들의 탄생과 유럽 문학의 관계를 살펴보기 위한 한 방편으로 당대 작가들의 독서 목록을 들여다보자.

소설가의 독서 목록을 통해 본 유럽 문학 읽기

1920~1930년대 우리나라에 마르크스주의 문학, 프롤레타리아 문학의 씨앗을 뿌리고 그 성장에 핵심적인 역할을 했던 시인이자 비평가 임화는 자신의 문학청년기를 회고하는 글에서 그동안 읽어왔던 문학 작품들을 죽 나열한 적이 있다. 임화는 애초에 20세기 초 유럽에서 유행한 아방가르드 예술, 다다이즘 등의 전위문학에 심취했다가 학창시절 이후에는 아나키스트 크로포트킨, 마르크스의 사상 속으로 들어간 인물이다. 그런데 이러한 문학적 편력 또는 지향점을 보였던 임화의 독서 목록에는 하이네의 시, 위고의 『레미제라블』, 고리키, 톨스토이, 투르게네프, 셰익스피어, 이광수의 『무정』, 베를렌 등의 이름과 작품명이 기록되어 있다.[64] 우리나라 작가 이광수를 제외하고 모두 독일, 프랑스, 러시아, 영국의 작가들이었다. 물론 임화 한 사람의 독서 체험이

그 시대 문학가들의 독서 경향을 대표할 수 있는가라는 의문이 있을 수 있다. 그런데 이러한 독서 체험, 소위 유럽 작가들의 작품 위주로 짜인 독서 목록은 문학청년으로 불릴 만한 이들에게서 공통적으로 발견된다.

청소년 시절 그리고 습작기에 읽었던 책들을 매우 상세하게 기록해놓은 작가로 소설가 박태원이 있다. 한국 최초의 모더니즘 문학 동인들인 구인회°의 멤버이면서 「소설가 구보씨의 일일」, 『천변풍경』과 같은 실험적인 작품들을 썼으며 한국전쟁기에 월북해서는 동학농민전쟁을 소재로 대하역사소설 『계명산천은 밝아오느냐』 등의 대작을 남긴 작가이다. 서울 토박이인 그는 경성제일고보를 다니던 열일곱 살 무렵 휴학을 하고 아예 서양문학 독서에 심취했을 정도의 독서광이었고 또 습작기에는 영미문학 작품들을 번역하기도 했다.[65] 문학청년기에 식음을 전폐하고 읽은 작품들이 그의 일기와 수필에 빼곡히 적혀 있어 1920년대 작가 지망생이자 문학청년이 실제로 어떤 책들을 읽었는지 구체적으로 확인할 수 있다.[66] 특히 경성제일고보 출신에 잠시나마 일본 유학(동경 호세이대학法政大学 예과)을 다녀왔다는 점을 고려하면 박태원은 매우 고급의 엘리트 독자라 할 수 있고, 따라서 그를 통해

●
회원 수가 아홉 명인 데에서 착안하여 구인회九人會라는 이름을 붙인 이 동아리에는 이태준, 박태원, 김유정 등의 소설가와 시인 이상, 김기림, 정지용 등 당대에 각광받은 젊은 작가들이 다수 포함되어 있었다.

적어도 당시 지식층의 외국문학 독서 경향의 일면을 충분히 엿볼 수 있다.

> (열일곱 살 적) 구소설을 졸업하고 신소설로 입학하야 수년 내
> 『반역자의 모母』(고리키), 『모오팟상선집』,
> 『엽인일기』(투르게네프) …… 이러한 것들을 알든 모르든 주워 읽
> 고, (…) 드디어 이 해 가을에 이르러 집안 어른의 뜻을 어기고
> 학교를 쉬어버렸다. (…) 닷새에 한 번 열흘에 한 번
> 소년 구보는 아버지에게 돈을 타 가지고 본정 서사書肆로 가서
> 문예서적을 구하여 가지고 와서는 기나긴 가을밤을 새워가며
> 읽었다. 그리고 새벽녘에나 잠이 들면 새로 한시 두시에나
> 일어나고 하였다. 일어나도 밖에는 별로 안 나갔다. 대개는
> 책상 앞에 앉아 붓을 잡고 가령 「흰 백합의 탄식」이라든 그러한
> 제목으로 순정소설을 쓰려고 끙끙 매었다.[67]

박태원은 학교를 아예 쉬어버리고 고리키, 모파상, 투르게네프 등의 작품을 닥치는 대로 주워 읽는 것으로 그의 서양문학 독서 편력을 시작했다. 위의 글에서 그는 본정本町(혼마치), 즉 지금의 충무로에 있는 서점을 드나들며 문예서적을 구해 와서 밤을 새워가며 읽었다고 고백한다. 당시 서울 시내에는 매우 많은 수의 서점이 있었는데 조선어 책과 일본어 책을 함께 취급했고 또 서양의 원서를 수입해 파는 마루젠丸善과 같은 양서 전문 서점(일

본 서점의 분점)도 있었다. 당시에 동경과 경성을 오갔던 한 일본인 서적상(센바 야에마츠)은 1928년에 그 어떤 식민지보다 가난했던 한국이 그 어느 곳보다 크고 광범위한 서적 시장(서점 수, 독서인구)을 가지고 있었다고 증언했다.[68] 1931년경 서울(경성)에만 30개 이상의 서점이 있었는데 이는 서울에 국한된 현상이 아니었다는 것이다.

박태원은 때때로 영어로 된 원서를 읽기도 했지만 당대의 대다수 작가들처럼 주로 일본에서 번역된 일본어판 세계문학 작품들을 읽곤 했다. 아무래도 일찍이 외국어 저작의 번역 출간에 열을 올렸던 일본에서는 번역서들이 풍부하게 존재했고 이는 조선의 서적 시장에까지 광범위하게 침투했기 때문이다. 박태원이 해외문학의 세례를 받았던 1920년대 중반부터 1930년대 초반에 이 제국의 출판물들은 식민지의 도서관과 서점에 큰 시차 없이 거의 동시적으로 흘러들어 왔다.[69] 그가 쓴 또 다른 수필의 한 대목을 보자.

> 정말 문학서류와 친하기는 부속보통학교 3, 4학년 때이었던가
> 싶다. 내가 산 최초의 문학 서적이 신조사판
> 『叛逆者の母(반역자의 모)』, 둘째 것 역시 같은 사 판의
> 『モーパッサン 選集(모파상 선집)』이었다고 기억한다. 알거나
> 모르거나 톨스토이, 투르게네프, 셰익스피어, 바이런, 괴테,
> 하이네, 위고…… 하고, 소설이고, 시고, 함부루 구하여 함부루
> 읽었다.[70]

여기서 알 수 있는 사실은 박태원이 보통학교 시절 처음 구입해 읽은 문학 서적이 일본 출판사 신조사(신초샤)에서 나온 단행본과 선집이었다는 점, 그의 주요 독서 목록에도 톨스토이, 투르게네프, 셰익스피어, 바이런, 괴테, 하이네, 위고의 이름이 등장하여 앞에서 본 임화의 목록과 거의 일치한다는 점이다. 1920년대는 일본에서 '다이쇼大正 데모크라시'라 불리는 시기로 온갖 새로운 사상들과 문화가 탐구되고 추구되었으며 또 대중적으로 확산된 때이다. 이때 신조사를 비롯하여 낙양당, 박문관 등의 일본 출판사들은 세계 작가들의 번역 선집과 일본 근대문학 선집들을 연이어 내놓기 시작했다. 한국에서도 천원天園 오천석이 번역한 『세계문학 걸작집』(1925)과 같은 선집이 기획되어 나오기 시작했지만 일본에서는 이미 1920년 무렵에 빅토르 위고의 작품 전집이 번역되어 나왔다.

박태원의 독서 목록에 등장하는 작가들 가운데는 나쓰메 소세키, 아쿠타가와 류노스케, 기쿠치 간 등 일본의 당대 작가들도 꽤 있었지만 주류는 유럽의 작가들이었다. 그 작가들이란 장 콕토, 고리키, 세르반테스, 몰리에르, 체호프, 골즈워디, 존 밀링턴 싱, 고리키, 모파상, 투르게네프, 맨스필드, 헤밍웨이, 오플래허티, 쥘 르나르, 알퐁스 도데, 오 헨리, 발자크, 제임스 조이스, 톨스토이였다. 이름들에서 알 수 있듯이 박태원은 자신이 특히 좋아했던 영문학을 비롯해서 프랑스, 스페인, 러시아 유럽 각국 작가들의 시, 소설, 희곡 등 다양한 장르의 세계문학을 섭렵했다.

그런데 박태원과 당시 식민지 조선의 엘리트 독자들은 이들 유럽 작가의 작품을 모두 일본어 번역판으로 읽었던 것은 아니다. 당시에 조선의 도서관과 서점을 통해 입수할 수 있었던 서양 문예 서적들 가운데는 영문 원서에 일본어 해석과 주석을 단 영문판, 외국어 학습자용으로 많이 읽히는 영어 - 일본어 또는 불어 - 일본어 대역본, 러시아 문학의 영문판 등 다양한 판본이 존재했기 때문이다. 물론 조선어 번역본들도 있었다.

　　박태원이 어느 판본으로 이 작품들을 읽었을지 살피기 위해 그가 적어놓은 작품 제목과 관련 기록들을 보면 매우 다양한 접근 경로가 발견된다. 예컨대 골즈워디의 작품 「투쟁」이 실려 있는 『현대소영문학선現代小英文學選』(1926)은 일본어 해설이 붙은 영문판이었고, 직접 번역까지 했던 헤밍웨이의 「살인자들」은 영어 - 일본어 대역본, 톨스토이의 「일리아스」, 「바보 이반」 등은 러시아어를 영문으로 번역한 중역본으로 읽었음을 알 수 있다. 특히 지금도 외국어 학습에 즐겨 쓰이는 형태인 대역본은 면 대 면으로 영어 원문과 일어 번역문이 병치되어 있고 하단에 주요 어휘와 구문에 대한 간략한 주석이 달려 있었는데, 이 시기에 상당히 광범위하게 출판되었던 것으로 확인된다.[71]

　　박태원은 이러한 서양문학 독서를 통해 무엇을 얻었으며 또 어떤 자양분을 섭취했던 것일까. 박태원의 문학 세계에 기입된 서양문학의 흔적이나 유럽 작가들과의 영향 관계에 대해서 이 자리에서 자세히 이야기하기보다[72] 이를 짐작할 수 있는 인상적인 대목들을 소개하는 것으로 이에 대한 설명을 대신하고자 한다. 박태원은 앞에서도 언급한 바 있는 해외문학파의 한 사람인 러시아문학 전공자 함대훈의 소설을 비평하는 자리에서 이렇게 쓰고 있다.

> 외국어에 감능堪能한 이는 흔히 창작을 못한다. 그것은 문예가적 소질을 풍부히 가지고 있는 경우에라도 그렇다. 왜 그런고 하니 원래가 세계적 문호들의 걸작품을 직접 원문을 통하여 다독하였는지라 미처 흔히는 일종의 '기오쿠레氣おくれ'를 느끼는 까닭이다. 그는 용감하게도 기오쿠레는 갖지 않았으나 불행하게도 문예가적 소질을 결하고 있다. 이 작품은 어떤 의미에서든 결코 한 개의 소설일 수 없다.[73]

박태원은 가혹하게도 함대훈의 작품이 소설이라 할 수 없다고 냉정하게 평가한다. 그는 '기오쿠레'는 없지만 문예가적 소질도 없기 때문이다. 여기서 기오쿠레란 주눅이 드는 상태를 말한다. 세계적 문호의 걸작들을 원문을 통해 많이 읽게 되면 자연 주눅이 들게 마련이라는 것이다. 함대훈은 다행히도 그에 주눅이 들어 있지는 않은 것으로 보이지만, 소설가로서의 소질은 젬병이라는 지적이었다. 그렇다면 박태원 자신은 어떠한가. 1934년에 발표한 「소설가 구보씨의 일일」에서 아일랜드의 작가 제임스 조이스가 쓴 『율리시즈』(1922)에 대해 이야기하는 장면이 있다.

구보는 그저 『율리시즈』를 논하고 있는 벗을 깨닫고, 불쑥,
그야 제임스 조이스의 새로운 시험에는 경의를 표하여야
마땅할 게지. 그러나 그것이 새롭다는, 오직 그 점만 가지고
과중 평가를 할 까닭이야 없지.[74]

구보仇甫라는 호를 가진 박태원은 자신의 분신이라 할 소설의
주인공 구보의 입을 빌려 "제임스 조이스의 실험에는 경의를 표
하나 그것이 새롭다는 점만으로 과대평가를 할 필요는 없다"고
말하고 있다. 제임스 조이스가 1922년 발표한 방대한 분량의 소
설 『율리시즈』는 출간되자마자 외설적이고 신성 모독적이라는
이유로 영국에서 판매금지를 당한 바 있다. 지금은 아일랜드를
대표하는 작가와 작품으로 추앙받고 세계적으로도 20세기 모더
니즘 문학의 선구자로 손꼽히지만, 비슷한 시기를 살고 있는 조
선의 소설가 박태원에게 이 작품은 독보적이고 위대한 고전이기
보다 하나의 센세이셔널한 동시대 작품일 뿐이다. 박태원은 조이
스와 같은 시대를 살아가는 1930년대 작가로서 아일랜드의 조이
스와 동류의식 또는 경쟁의식을 갖고 있었다고 보아도 지나치지
않아 보인다. 그에게는 과장된 포즈일망정 나도 그쯤은 쓸 수 있
다는 자신감 또는 문학적 자부심이 있었다. 이는 어떻게 가능했
을까.

　20세기 들어서야 시작된 우리의 짧은 근대문학의 역사 속에

서 20세기 전반기의 몇 십 년은 외래의 것을 재빠르게 그리고 압축적으로 수용하여 체화한 시기였다. 앞에서 본 1910년대의 잡지《청춘》이나《태서문예신보》이래로 해외문학의 정수를 단기간에 효율적으로 학습하는 것이 이들의 과제였기에, 우리가 겪어야 했던 근대화의 압축과 비약만큼 그 과정 역시 그러한 면이 있었다. 주눅 들지 않고 그들과 더불어 앞으로 나아가기. 영문학과 불문학, 노문학 작가들과 작품들에 청춘의 시기를 바쳤던 당대의 작가들이 그 과정의 끝에 거머쥐게 된 숙제는 그러한 것이었다. 영문학자 정인섭이 자신과 같은 외국문학 전공자들의 보편적인 임무를 "조선 문단과 세계 문단과의 연락"[75]이라고 말했던 궁극적인 목적도 여기에 있었다.

유럽 문학을 경유하여 얻은 자국 문학의 자양분

외국, 특히 유럽의 작가들과 작품들이 우리 근대문학의 시작과 형성에 적지 않은 영향을 미쳤다는 점은 부인하기 어렵다. 한 원로 문학평론가는 외국문학을 가리켜 "이 나라 문학청년들의 무의식을 장악한 팜므파탈"[76]이라고 했을 정도이다. 1930년대에는 작가 개개인에게 외국문학이 갖는 의미를 묻는 설문조사(앙케이트)나 회고의 글들이 신문 잡지에 심심치 않게 등장하여 또 다른 서양문학 독서 목록을 만들어내고 있다. 이 글들은 작가들이 주로 어떤 작품을 읽고 감격했으며 감화를 받았는지, 문학 수업 시절 어떤 작가를 스승으로 삼고 자신의 문학적 자양분으로 삼았는지 등을 묻고 있다.[77] 세계적인 문호와 인물들 가운데 조선에 초청하여 직접 만나보고 싶은 사람을 묻는 설문조사도 있었다.[78]

당시에 각종 설문조사를 통해 거론된 작가들 가운데 가장 많은 호명을 받은 이들을 순서대로 나열해보면, 톨스토이, 도스토예프스키, 투르게네프, 고리키, 체호프 등 러시아 작가들이 가장 많고, 모파상, 발자크, 아나톨 프랑스, 로맹 롤랑 등의 프랑스 작가들과 하우프트만, 괴테, 실러 등 독일 작가들, 셰익스피어, 토마스 하디, 샬럿 브론테, H. G. 웰스 등 영국 작가들이 두루 포진해 있다. 그 외에 미국 작가로 업튼 싱클레어, 월트 휘트먼, 인도의 시인 타고르와 스웨덴의 작가 스트린드베리, 덴마크의 안데르센, 아일랜드의 극작가 숀 오케이시, 스코틀랜드의 시인 로버트 번스와 같은 이들을 꼽는 경우도 있었다.

그런데 소설가 김동인은 한 설문에 대한 답변에서 이름도 작품도 생소한 영국의 작가 와츠던튼(Theodore Watts-Dunton, 1832~1914)의 『에일윈Aylwin』이라는 작품을 자신이 읽고 감격한 최고의 소설로 꼽고 있어 눈길을 끈다. 이 작품은 김동인이 김명순 등 신여성들을 모델로 한 소설 「김연실전」(1939)에도 괴테의 『젊은 베르테르의 슬픔』과 함께 등장시킨 바 있다. '사람의 혼을 울리는 예술의 힘'을 이야기하는 대목에서였다. 당시 조선에 이 작품이 소개되거나 번역된 적도 없거니와 일반 독자들이 와츠던튼이나 『에일윈』이라는 이름을 접했을 가능성이 거의 희박했기에 이는 작가가 자신의 고급 교양을 과시하기 위한 것이었다고

도 해석할 수 있다.[79] 이 소설은 영국에서 1898년 출간되었는데 일본에서는 『에일윈 이야기ェイルヰン物語』라는 제목으로 1915년 번역되었고,[80] 영국에서는 1920년에 무성영화로 제작된 적이 있는 작품이다. 김동인은 이 작품에서 '꿈과 같은 도취경'을 느끼고 그 작품의 배경이 되는 영국의 북웰스(북웨일스) 지방에 가보고 싶을 정도라고 말하면서도 이렇게 고백한다.

> 물론 나는 면톤의 작풍이며 필치를 본받을 수도 없거니와
> 본받고저 하지도 않습니다. 면톤에게는 면톤의 길이 있고
> 내게는 내 길이 있으니까. 그러나 비록 길이 서로 다르다 하나
> 그것이 한 개의 예술인 이상에는 받은 감명은 갑을이 없겠습니다.

당대의 작가들이 유럽 여러 나라의 어떤 작가들과 작품을 읽었는가 하는 점도 의미가 있지만 더 중요한 것은 어떻게 읽었는가 하는 점이다. 예를 들면 김동인은 웨일스 스노우든 산지를 배경으로 명문가 아들과 그 집안 묘지기 딸의 사랑을 줄기로 하여 유랑 집시들과 당대 화가들의 생활을 담은 『에일윈』을 '좋은 소설'이라고 평했다. 그러면서 던튼에게 던튼의 길이 있듯이 내게도 나의 길이 있다는 것, 하나의 예술을 두고 받는 감명에는 갑과 을이 나뉠 수 없다는 소회를 밝힌다. 당시는 외국문학 전공자들로부터 한국 근대문학은 "넓은 세계 문단에서 남들이 볼 때 소 등에 붙은 벼룩 같은 위치에 있을 뿐"[81]이라는 폄하를 받았던 때

였다. 그러나 예술의 이름 앞에서는 영국 작품이나 조선의 작품이나 얼마든지 대등한 존재라는 자신감 또는 의지가 김동인의 이 몇 마디에 담겨 있다.

당시 작가들은 서양 유명 문호들의 작품에 큰 감명을 받고 그를 통해 배우며 깨달음을 얻었다고 고백했지만, 그들을 모방하거나 그들의 아류가 될 생각은 전혀 없음을 분명히 했다. 이러한 것이 그 역사가 수십 년에 불과하지만 전통의 것과 외래의 것이 부딪치고 깨지는 과정 속에서 조선문학이 거머쥔 하나의 도달점이었다. 마구잡이로 섭취한 서양문학 편력을 자양분 삼아 1920~1930년대 평론가로 필봉을 휘두르며 날 선 비평을 숱하게 발표했던 임화가 1930년대 말에 이르러 우리의 근대문학사를 기술하면서 '신문학이란 이식문화의 역사이기도 하지만 외래의 것과 자기 문화(전통)의 유산 양자가 교섭한 결과 산출되는 것'임을 분명히 했던 것도 같은 맥락에서 이해할 수 있다.[82]

1930년대 들어서서 조선의 문학계에서 등장했던 주장 가운데 하나는 조선문학도 세계문학 시장에 진출해야 한다는 것이었다.[83] 이때의 세계문학이란 서구의 문학을 중심으로 한 것임은 의심의 여지가 없다. 그런데 이를 자국 문학에 대한 허무맹랑한 도취 또는 서구 추종자들의 아류의식으로만 해석할 수는 없다. 위계 관계 속에서의 한낱 아류가 아니라 저들의 문학과 일대일로 서로를 비춰 볼 수 있는 상태, 말하자면 한 세기 전에 괴테가 상상한 '국민문학들 간의 상호 존중과 번역을 통한 상호 이해를 바탕으로 한 세계문학'의 꿈을 입에 올리기 시작했던 것이다. 식민지 시기 일본어를 국어로 가르치고 우리말과 글이 위협받던 시기, 문학에서조차 일본어 쓰기와 읽기가 강요되던 시기였지만 적어도 일제 말기 몇 년을 제외하고는 조선어로 무엇을 어떻게 쓸 것인가 하는 질문이 시대의 과제가 아니었던 적은 없었다.

　　1920년대 말 세계 경제의 대공황 시대를 지나면서 1930년대는 전 세계적으로 문학의 환경이 급격히 열악해지기 시작했다. 찬란한 문학적 전통을 자랑했던 프랑스 문단에서조차 "지금은 스포츠의 시대이고, 책도 소설도 더 이상 읽히지 않는다"는 푸념이 나왔던 때이다.[84] 일본과 한국에서도 1930년대는 미디어와 출판의 상업화가 점차 거세지고 있었고 책과 창작의 위기라는 인식 또는 담론이 팽배했다. 이 시기 출판계와 미디어에서는 '문학의 빈곤' 또는 '문단의 침체'라는 다섯 글자를 지겹도록 볼 수 있었다.[85] '국경과 민족을 초월한 현대 기계문명 – 아메리카니즘'이 독일이나 영국, 이탈리아 할 것 없이 유럽의 여러 나라들을 평정하는[86] 이때에 세계문학의 수준을 거론하거나 세계문학에 참여할 것을 주장하는 것은 부르주아 자본주의의 현대문명에 똑같이 발을 담그겠다는 의미는 아니었다. 이제 공공연하게 입에 올리는 '세계(특히 서구) 지향성'은 식민지인들이 저들에게 가지는 두려움이나 열등감, 즉 '기오쿠레'의 표현이 아니라, 오히려 자국의 근대문학이 이제까지 고군분투하며 이루어온 현 단계에 대한 수긍으로 읽힌다.[87]

19세기 말 시작되어 1920~1930년대까지 이어진 초창기 근대문학과 문화의 좌충우돌과 여러 실험은 분명 해방과 한국전쟁 이후 우리 문학과 문화가 다시 나아가는 기반이자 자양분이 되었다. 우리의 19세기와 20세기를 영원히 단절시키고 완전히 분리해낼 수 없는 것과 마찬가지로, 해방 이전의 시기를 우리의 현재에 드리워져 있는 어두운 그림자로만 가둬둘 수 없는 또 하나의 이유가 여기에 있다.

나오며

유럽이라는 우리 안의 타자, 그들을 통해 본 우리

> 물에도 젖지 않는 아이와 같이,
> 제국주의에도 놀라지 않는 소년과 같이,
> 냉전체제에도 주눅들지 않는 청년과 같이.
> — 김윤식, 『비도 눈도 내리지 않는 시나가와역』[1]

독일이나 프랑스, 영국 등 유럽의 여러 나라를 동경의 대상으로 삼고 한때나마 그곳에서의 삶을 꿈꾼 이들은 예나 지금이나 적지 않다. 비단 근대 초기의 문명론자들 또는 유럽의 문학과 학문을 공부했던 이들이 아니더라도 말이다. 소위 근대 문명의 중심지이자 세계적인 격변의 현장들에서 잠시나마 파리지앵이나 베를리너가 되어보는 것. 파리의 생미셸 거리를 걸으면 빅토르 위고의 『레미제라블』에서 마리우스를 이끌었던 '혁명의 입구'를 볼 수 있을까. 영화 「베를린 천사의 시」(1987)에서 두 천사가 스르르 통과해 지나갔던 베를린 장벽의 흩어진 파편들 앞에서는 시민들의 손에 부서지던 1989년의 베를린 장벽을 선명하게 떠올릴 수 있을 것이다.

세계의 모든 역사적인 공간과 장소들에도 그곳만이 자아내는 분위기와 그곳에서만 들을 수 있는 목소리들이 있지만, 우리에게 유럽과 유럽인들 그리고 그곳의 삶과 풍경들이 특별하게 다가오는 이유를 단지 이국적인 분위기나 낯선 존재에 대한 호기심만으로는 설명할 수 없다. 그곳은 애초에 너무나 멀고 낯설어 직접 접촉할 기회가 많지 않았음에도, 관계를 맺은 지 130년 남짓 지난 지금 우리의 삶 이곳저곳에 깊숙이 들어와 있다.

　　맥루한이 단일한 작동단위로서의 '지구촌'이라는 말을 꺼낸 것이 1960년 무렵이었으나, 사실 우리는 20세기 내내 '유럽을 중심으로 돌아갔던' 글로벌 시대와 '유럽의 중심성이 깨진' 글로벌 시대를 살아내기에 바빴고 이는 지금도 현재진행형이다. 우리 안의 많은 것들이 유럽 그리고 그에 뒤이어 힘을 얻은 미국, 러시아와의 관계 속에서 만들어진 것임을 부인할 수 없다. 중요한 것은 일방적인 관계만은 아니었다는 점과 지난 시간이 직간접적인 또는 유무형의 상호작용 속에서 우리의 길을 찾아 나아가는 과정이었다는 점이다.

　　21세기도 20년 가까이 지난 현재, 유럽이라는 지역은 모국을 벗어난 타국에서의 삶을 고려할 때 순위에서 한참 밀리는 곳이 되어버렸다. 막연한 동경이나 환상을 품기에는 현재의 우리가 그곳에 대해 너무 많이 알아버린 탓이다. 독일과 영국 그리고 프랑스 모두 각각의 상황이나 분위기가 다르긴 하지만, 이제 이들 여러 나라와 도시들을 떠올릴 때 따라오는 것은 단순히 번잡함이나 화려함이 아니라 테러, 인종차별, 난민과 같은 요소들이다. 특히 2015년과 2016년은 유럽 이곳저곳에서 터졌던 폭탄 테러, 차량 테러, 총기 사건으로 세계가 공포에 떨어야 했던 해이다. 그럼에도 불구하고 유럽은 매력적인 곳, 꼭 한번쯤 가봐야 할 곳이라는 생각만은 크게 달라지지 않은 듯하다. 특히 근래 들어서는 '세상 어디도 안전한 곳은 없다'는 체념이 커지면서 다시 유럽을 찾는 이들이 늘어났다고도 한다.[2] 사람들은 여전히 그곳을 직접 목격하고 싶어 하고 그곳에서 무언가를 구하려 하는 것이다.

불안정성과 위험의 가능성에도 불구하고 그곳을 다시 찾게 되는 것은 일종의 불가피한 현실에 대한 체념 때문이기도 하겠지만, 또 한편으로는 어떤 믿음이 있었기에 가능했던 것은 아닐까. 고질적이고 일상화한 인종차별과 종교 갈등이 여기저기에서 문제를 일으키는 가운데서도 그 사회의 내부에 그것이 문제이며 바뀌어야 한다고 소리 높이는 사람들이 꽤 많다는 믿음, 그래서 적어도 그 나라들에서 극단적인 혐오나 적대로 인한 파국을 불러오지는 않으리라는 믿음. 2015년 파리 테러 이후 "당신은 결코 나의 증오를 얻지 못할 것이다", "나는 테라스에 있다Je suis en terrasse"라는 말과 행동으로 증오 대신에 일상과 연대의 힘을 스스로 입증했던 시민들이 있는 그곳. 그것이 어쩌면 불안과 공포 속에서도 그들을 건재하게 만들고 타인들을 끌어들이는 힘일지도 모른다.

어느 국가나 사회 또는 집단을 막론하고 그것이 가진 동일성은 타자들의 존재를 통해 비로소 인식된다. 즉 '우리'라는 것을 하나의 정체성으로 인식하게 되는 것은 다른 존재들에 의해서, 즉 '그들과 다른 우리'가 발견됨으로써 가능해지는 것이다. 이렇게 될 때 그러한 '우리'는 낯설고 다른 타자를 자기 안에 포섭하거나 배제함으로써 동일성의 논리를 공고하게 만든다. 그런데 또한 이 타자들은 일방적인 포섭이나 배제의 대상이 아니라 그들을 억압하고 배제하려는 시도를 지연시키며 해체하는 역할을 하기도 한다. 타자라는 존재는 낯설고 새로우며 또 이질적인 것으로 호명됨으로써 동일자들의 성채에 균열을 내기 때문이다. 예를 들면 세계 어느 사회에나 존재하는 이방인들, 성 소수자들, 난민들, 이교도들 같은 이들이 그러하다.

처음 서로의 존재를 알기 시작했을 때 대륙의 동쪽 끝 조선이라는 작은 나라는 유럽 쪽에서 보면 더없이 낯선 타자였을 것이다. 이와 마찬가지로 그들 역시 우리에게는 완전히 새로이 가시권 안에 들어온 타자들이었다. 오리엔탈리즘이 있으면 옥시덴탈리즘이 있는 것처럼. 그러나 애초에 서양과 동양, 유럽과 조선은 결코 대등한 관계로 출발한 것이 아니었기 때문에 각각의 사회에서 상대의 타자성은 완전히 달리 받아들여지고 또 작동할 수밖에 없다. 우리가 낯선 외래의 존재들을 받아들이고 이해한 방식은 시기나 국면마다 또 수용하는 주체들마다 달랐지만, 어떤 흐름과 경향을 형성하면서 차츰 우리 안에 자리를 잡아갔다고 할 수 있다. 수만 리 밖의 그들을 아주 희미하고 어렴풋이 인식하기 시작했던 조선시대를 지나 19세기 말부터 시작된 본격적인 앎의 여정은 현재 우리가 그들을 바라보는 시각과 관점 대부분의 뿌리를 이룬다.

맹목적인 동경과 환상은 쉽게 환멸에 이를 수 있다. 다행히 근대의 선구자들인 서양과 유럽 문명에 대한 맹목에 가까운 추종은 그리 오래가지 않았다. 19세기 말, 근대화만이 길이고 그들과 같아지는 것만이 살 방도라고 여겼던 시간들도 있었지만, 그들을 알면 알수록 거리를 두고 냉정히 바라볼 수 있게 되었기 때문이다. 20세기 초의 몇 십 년은 외래의 정보들이 무차별적으로 들어오면서 유럽과 유럽 여러 나라들에 대한 지식의 폭발이 급작스럽게 일어났던 때이다. 낯설고도 강력한 저들을 어떻게 이해하고 또 받아들일 것이며 그 가운데 우리의 무엇을 만들어갈 것인가 하는 과제가 그 시대를 특징짓는다.

그 수용과 번역의 과정이 직접적이기보다 일본이나 중국 등을 매개로 중개되고 굴절되었다고 하더라도 그것은 그리 중요하지 않다. 저들의 원전이나 '오리지널'한 무엇을 추구하고 충실히 옮겨오는 것보다 더 중요한 것은 우리의 인식과 수용의 범위 안에서 무엇을 창조할 것인가 하는 문제이기 때문이다. 이 책에서 유럽이 어떤 고정불변의 오리지널한 실체라기보다는 우리 안에서 무수한 인식의 고투 과정을 거쳐 형성된 타자들이며 우리가 우리의 방식으로 받아들이고 이해한 타자들이라는 점은 그래서 중요하다. 일본 그리고 중국과 비교해서 이해의 수준이 어떠했는지, 무엇이 더 진리에 가까운지를 묻는 것은 적절한 질문이 아니다. 진리는 독단적인 것일 수 없으며 수직적인 위계나 지배적인 위치를 전제하지 않는 수평의 지형도를 그리는 속에서 가능해지는 것이기 때문이다(자크 랑시에르, 『감성의 분할』).

19세기 말에서 20세기 초, 즉 조선 후기와 대한제국 시기를 거쳐 일제강점기로 흘러가는 그 시대가 단지 실패와 좌절, 암흑의 반세기였던 것만은 아니다. 앞에 닥치는 국면 국면마다 새로운 상황과 도전에 대응하면서 알 수 없는 결과와 미래를 향해 나아가는 인생처럼, 그 시대의 삶 역시 크게 다르지 않았을 것이다. 실패를 직감하면서도 끝까지 싸우는 이들이 있듯이, 이미 결판난 듯 보이는 현실이라도 계속 살아내야 하듯이 말이다. 그 시기를 단지 패배와 좌절의 '흑역사'로 규정하는 것은 그 시대의 수많은 삶의 주인공들이 가진 주체성과 분투의 과정을 부정하는 일이 될 수 있다. 이는 이미 오래전 식민지 근대화론과 내재적 발전론의 논쟁 과정에서 돌출된 바 있는 통찰이었다. 물론 서구의 근대 세계와 제국주의의 공격은 한반도에서 금세 일본 제국주의의 도전으로 치환되었고 조선과 조선인들은 제국주의의 피해자이자 희생자가 되었다. 그러나 조선인들 가운데는 그들을 제대로 배움으로써 그들을 극복할 수 있으리라 믿었던 이들이 분명히 그리고 적지 않게 존재했다. 여기서 '그들'이란 '서양'이라는 거대하고 모호한 실체뿐만 아니라 제국주의, 자본주의, 근대주의, 서양 중심주의 등이 전부 해당될 수 있다.

우리는 지금도 미래에 어떤 결과를 초래할지 분명히 알 수 없는 상태에서 수많은 행위를 하고 있으며, 그러한 하나하나의 행위들이 모여 결국은 우리 인생의 큰 줄기를 이루어 나아간다. 앞을 내다볼 수 없는 뿌연 안갯속이나 어둠 속에서라면 과연 어디로 발을 내디뎌야 할 것인가. 지난 역사의 기록들을 그들의 시선과 마음으로 마주하는 일은 그래서 어렵고 고통스럽다. 반대로 현재의 입장과 위치에서 과거의 어떤 선택이나 행동들 그리고 결과들을 판단하고 평가하고 단죄하기란 그에 비하면 얼마나 쉬운 일인가.

조선시대 사대부들이 구시대적인 중화주의와 유교에 집착하느라 근대화에 늦어졌고 이 '늦은 근대화'로 인해 조선이 파멸의 길로 떨어졌다는 식의 단정은 누구나 쉽게 할 수 있는 이야기이다. 그러나 당대와 당대인들의 삶의 결들과 다양하고 복잡한 속내를 현재적 시각에서 재단한다는 점에서 시대착오적이다. 우리가 해야 하고 할 수 있는 일은 그들을 그러한 선택으로 밀어넣은 까닭 그리고 당시의 인물과 그들의 행동, 사건의 배경과 맥락에 대해 복합적이고 입체적으로 살펴보려는 태도를 최대한 견지하는 것이 아닐까. 이것은 인간이라는 존재의 민낯과 모순을 들여다보고, 인간의 삶이 가진 복합성과 불가해함을 끝까지 끌어안으려 애쓰는 문학이라는 것을 연구하는 사람으로서 잊지 않으려는 자세이기도 하다.

한국 근대문학 연구자로서 식민지 시기, 즉 일제강점기의 한국문학을 적지 않은 시간 공부해왔지만 여전히 근대라는 것과 근대문학에 대해서는 느낌표보다 물음표가 훨씬 많이 남아 있음을 느낀다. 한때 정확하게는 20세기 말(1990년대)까지는 근대란 산업혁명과 시민혁명 또는 자본주의와 국민국가 이 양자를 기준으로 명쾌하게 설명될 수 있다고들 생각했다. 그러나 시간이 흐를수록 그리고 지난 시대와 거리감을 갖고 당시를 객관적으로 바라볼수록 더 많은 모순들과 빈틈, 여백과 타자들 그리고 회색지대(윤해동, 『식민지의 회색지대』)가 모습을 드러내기 시작했기 때문이다. '견고한 모든 것이 대기 속에 녹아 없어지는'(마샬 버만, 『현대성의 경험』) 근대라는 것이 하나로 명쾌하게 정의될 수 없는 진행형의 물음이듯이, 근대란 어떤 시대인가 하는 문제는 답을 제시하는 것보다 물음들을 제기하는 속에서 조금 더 가까이 따라잡을 수 있을지도 모른다.

당대의 어떤 유학생은 선진 기술과 학문을 익혀 고국에 돌아와 독립운동에 기여했고 또 다른 유학생은 그 독보적인 지식과 기술을 바탕으로 친일 관료가 되어 출세가도를 달렸다. 똑같이 선교사에게 영어를 배웠다 해도 어떤 이는 그 영어 실력을 자산으로 국제적인 공산주의자를 꿈꿨고 또 어떤 이는 미국과 영어가 세계의 대세가 되리라는 전망 속에 출세의 꿈을 꾸기도 했다. 그러나 그들의 삶 역시 '독립운동가'와 '친일파', '저항자'와 '부역자'와 같이 단순 명쾌하게 설명되지 않는다. 한 인간의 삶을 단선적으로는 결코 파악할 수 없는 것처럼 한 시대 역시 그러하다. 양극단이나 이분법, 흑과 백만으로 설명될 수 없는 '제3의 공간'(호미 바바, 『문화의 위치』)을 늘 염두에 두고 그 시절의 만남들과 함께 그 속에서 이루어진 선택과 행로들을 들여다봐야 한다고 믿는다.

1장   유럽과의 첫 만남과 첫인상

1.   정호훈, 「36명 네덜란드인의 조선 생존기」, 규장각한국학연구원 편, 『세상 사람의 조선여행』, 글항아리, 2012 참조. 『지영록』은 제주목사 이익태의 문집이며 『석재고』는 정조 대의 문신 윤행임의 시문집이다. 이들의 글에 하멜과 벨테브레의 상봉 장면이 묘사되어 있다.

2.   이규경, 「논사論史 - 서양」, 『오주연문장전산고』 경사편 5, 논사류 1.

3.   『순조실록』 32년 임진(1832, 도광) 8월 11일(을유); 『순조실록』 33년 계사(1833, 도광) 4월 2일(임인); 『헌종실록』 6년 경자(1840, 도광) 12월 30일(병술).

4.   정약용, 「유영재 득공 필기에 대한 평」, 『다산시문집』 제22권 잡평.

5.   김정희, 「서독 [八]」, 『완당전집』 제2권.

6.   정약용, 「남포의 서계에 대한 평」, 『다산시문집』 제22권, 雜評, 1816(순조 55).

7.   김정희, 「서독 [三十二]」, 『완당전집』 제3권.

8.   중국을 통한 간접적인 서학의 전래, 소수의 조선인들과 서양의 접촉, 조선 천주교의 성립 과정에 관해서는 강재언, 이규수 역, 『서양과 조선 그 이문화 격투의 역사』, 학고재, 1998에서 상세하게 다루고 있어 19세기 이전 조선과 서양의 만남을 이해하는 데 참고할 만하다. 이 책은 조선 후기에 서학에 깊은 관심을 가졌던 이들, 즉 연행사 정두원, 역관 이영후, 소현세자, 최한기 등이 어떻게 서학을 만나고 또 매료되었는지를 서술하면서 이들이 당시 시대 상황상 예외적이고 불운했던 인물일 수

밖에 없었음을 보여준다. 이는 조선의 근대화가 '시간차'에 의해, 즉 뒤늦은 개국과 뒤늦은 전환에 의해 결정적으로 명암이 갈렸다는 시각을 기본 전제로 한 것이다.

9.   효종 4년(1653) 시헌력법을 처음 도입하여 조선에서도 이후 여러 차례 간행된 바 있다.

10.   이익, 「일식과 월식에 대한 변증〔日月蝕辨〕」, 『성호전집』 제43권, 잡저.

11.   이익, 「시헌력」, 『성호사설』 제1권, 천지문.

12.   이익, 「서-안백순에게 답하는 편지」, 『성호전집』 제26권, 1757(영조 33).

13.   안정복, 「천학고」, 『순암선생문집』 제17권, 잡저.

14.   규장각한국학연구원, 『규장각, 세계의 지식을 품다』, 특별전시회 도록, 2015, 100면 참조.

15.   다산 탄생 250주년 기념 심포지엄 '다산 정약용과 서학 및 천주교와의 관계'가 2012년에 열렸고 여기에서 다산과 서학에 대한 다양한 논의들이 이루어졌다. 정약용에게 '상제'란 경배를 요구하는 유일신이 아니라 일종의 양심의 소리와 같은 것으로, 정약용이 서학에 경도된 것은 서학이나 성리학 모두 도덕적 인간의 완성이라는 점에서 일맥상통한다는 점 때문이었다고 보기도 한다(김선희, 『서학, 조선 유학이 만난 낯선 거울』, 모시는사람들, 2018).

16.   『승정원일기』, 고종 19년 임오(1882) 8월 5일.

17.   이규경, 「제경경물략」, 『오주연문장전산고』.

18.   정호훈, 「자신감과 현실감으로 빚어낸 15세기의 세계지도」, 『조선 사람의 세계여행』, 글항아리, 2011.

19.   배우성, 「조선 후기의 이역 인식」, 《조선시대사학보》 36, 2006 참조. 이 글은 『대청일통지』와 『고금도서집성』에 나타난 이역에 대한 인식을 살피고 이에 영향을 받은 이수광, 이돈중 등이 유럽으로서의 서양을 어떻게 인식했는지를 밝히고 있다. 조선 지식인들이 중국 중심의 세계관을 벗어나지 않으면서 '전통적 서역 개념의 확대'라는 차원에서 서양을 받아들였다고 본다.

20.   임수간, 「강관필담」, 『동사일기 곤』.

21. 백석은 일본 강호시대 중기의 주자학자 축후수원여筑後守源璵의 호이다. 『서양기문』 등의 저서를 남겼다.

22. 「영길리국표선기」, 『연원직지』 제1권, 출강록(연행록선집), 1832(순조 32) 11월 25일.

23. 정약용, 「유영재 득공 필기에 대한 평」, 『다산시문집』 제22권 잡평.

24. 정약용, 「이아정의 비왜론에 대한 평」, 『다산시문집』 제22권 잡평.

25. 윤정하 편, 「세계잡관」, 《태극학보》 5, 1906. 12. 24.

26. 정약용, 「유영재 득공 필기에 대한 평」, 『다산시문집』 제22권 잡평.

27. 1800년 청의 장정부가 제작한 『지구도』를 1834년 최한기가 조선에서 목판으로 다시 제작하여 『지구전후도』라는 이름으로 간행했다.

28. 이규경, 「척사교변증설」, 『오주연문장전산고』 경사편 3 - 석전류 3 / 서학西學.

29. 도량형 단위의 통일을 위해 미터법이 처음 만들어진 것은 1791년 프랑스에서였다. 파리를 지나는 자오선 길이(지구 둘레)의 4천만 분의 1을 1미터로 정한 것인데, 세계 각국이 미터법을 따르기 시작한 것은 1875년 미터조약부터라고 한다.

30. 김정희, 「서독[八]」, 『완당전집』 제2권.

31. 후쿠이 노리히코, 송태욱 역, 『유럽은 어떻게 세계를 지배했는가?』, 다른세상, 2013, 50면 참조. 물론 두 나라는 살벌한 무역전쟁의 와중에 공동의 이익을 위해 연합을 하기도 했다.

32. 이상재, 「한성순보 구성의 연원과 학술기사의 재구성 양상」, 서울대 석사논문, 2017에서 《한성순보》 학술기사들의 출처를 조사하여 일목요연하게 정리하고 있는데, 아쉽게도 이 글들의 출처는 확인되지 않았다.

2장 제국주의와 식민지의 시대, 《한성순보》가 포착한 유럽

1. 조광, 「조선 후기 서학서의 수용과 보급」, 《민족문화연구》 44, 2006 참조.

2. 민두기, 「19세기 후반 조선왕조의 대외 위기의식」, 《동방학지》 52, 1986 참조.

3. 19세기 전반기 유학자들의 시세 인식과 상호 교류의 양상 그리고 박규

수에 대해서는 김명호, 『환재 박규수 연구』, 창비, 2008 참조. 한편 아편전쟁기(중영전쟁기) 박규수 중심의 동도 중심 대응론을 비롯하여, 조선 후기 외세에 대한 대응 사상의 변천과 귀결을 살핀 연구로 노대환, 『동도서기론 형성과정 연구』, 일지사, 2005가 있다.

4. '서세'의 침범에 대해서 조선 내에서도 그에 대한 문제의식이 여러 갈래로 갈렸는데 2차 아편전쟁 이후에는 각 계층의 조선인들이 '순망치한'의 위기의식을 공유하기 시작했다. 그럼에도 불구하고 조정과 지식층, 서민층 각각의 입장에 따라 속내도 의견도 달랐다. 이와 관련한 자세한 분석은 장보운, 「아편전쟁을 바라보는 조선의 다중 시선」, 《한국사상사학》 56, 2017 참조.

5. 홍대용, 「의산문답」, 『담헌서』 내집 4권 '보유'.

6. 김윤희, 「1909년 대한제국 사회의 '동양' 개념과 그 기원 – 신문 매체의 의미화 과정을 중심으로」, 《개념과 소통》 4, 2009 참조.

7. 《한성순보》가 발간 100주년을 맞은 1983년에 《한성순보》를 신문보다는 잡지로 보아야 한다는 문제제기가 나온 적이 있었는데 결론은 신문이라는 쪽이 승리하였고 현재에 이르기까지 의심의 여지 없이 받아들여지고 있다. 안춘근, 「잡지모체로서의 한성순보」, 《언론연구논집》 2-1, 1984.; 이광재, 「한성순보 성격논쟁과 그 의의」, 《신문과 방송》, 1883; 정진석, 「한성순보와 주보의 신문 잡지 논쟁」, 《신문과 방송》 96, 1996 참조.

8. 이에 대해서는 다른 견해도 있다. 이 매체가 철저하게 국가에서 기획한 것이라고 보는 입장(한보람, 「1880년대 조선정부의 개화정책을 위한 국제정보수집 – 한성순보의 관련기사 분석」, 《진단학보》 100, 2005)에서는 그 과정을 '국가에서 먼저 발간 추진 → 박영효, 유길준 등의 실무 준비와 좌절 → 원래 국가 안대로 통리교섭통상사무아문 동문학 박문국에서 발간'으로 설명한다.

9. 김규환, 「한성순보 해제」, 《한성순보》(축쇄판 영인본), 1969 참조. 또한 《한성순보》 발간의 막후와 실질적인 인쇄 및 제작 과정을 박천홍, 『활자와 근대』, 너머북스, 2018에서 실증적으로 밝히고 있어 참고할 만하다.

10. 박정규, 「조선왕조시대의 전근대적 신문에 관한 연구」, 서울대학교 박사논문, 1982 참조.

11. 김미지, 「한성순보와 중국 개항장 신문의 관계 고찰」, 《인문과학》 110, 2017.

12. 박정규, 「독립신문 외신기사의 뉴스원과 속보성 연구」, 《사회과학논총》, 1997.

13. 《한성순보》 7호에 실린 '조보'에 조정에서 행한 인사 소식이 담겨 있는데, 여기에 이노우에 가쿠고로가 저동에 있는 박문국에 파견되었다는 기록이 나온다.

14. 원래 《자림서보》는 《북화건보》의 부속지였던 《항운상업신문》을 종합일간지로 승격한 신문인데 결국 부속지가 성공을 거두면서 본편을 대체하게 된 것이다(《北华捷报/字林西报》完成数字化制作 将开放查询, 中国文明网, 2016. 4. 29.).

15. 외신의 출처, 빈도, 주제 분류 등에 관한 통계는 한보람, 앞의 글(2005)에서 30여 개의 표로 상세하게 정리되어 있다. 이에 따르면 《한성순보》의 외신 뉴스, 즉 '각국근사'를 통틀어서 가장 많이 의존한 신문은 상해의 《신보》(268건)와 《호보》(121건)라는 것이 밝혀졌다. 일본 신문의 인용 빈도는 청국 신문들의 9분의 1 정도에 불과했고, 내용상으로는 청불전쟁 관련기사가 48퍼센트(561건)으로 압도적이었다.

16. 1861년 주보로 발간되다가 1872년 7월부터 일간으로 변경한 상업정보지로, 10년간 상해 유일의 중문매체였으나 《신보》가 창간된 이후 경쟁체제에 들어가 소품문, 시사詩詞를 게재하며 형질변화를 꾀했다. 그러나 《신보》와의 경쟁에서 밀려 1873년 폐간된다.

17. http://www.zwbk.org/MyLemmaShow.aspx?zh=zh-tw&lid=221589

18. 다른 영국계 영문, 중문 신문들과 달리 서양식 세로 단 편집을 사용하지 않고 당시의 읽기·쓰기 관습에 부합하는 서책식을 사용하다가 이후 신문지식[報刊]으로 바꾸게 된다('바이두 백과' 참조, http://www.baike.com/wiki/%E7%94%B3%E6%8A%A5)

19. 김수연, 「《신보》: 근대적 에크리튀르의 성좌」, 《중국어문논총》 66,

2014 참조.

20. 참고로 《자림서보》의 1881년 7월 1일자 지면 구성을 살펴보면 1면에 선박 출도착 시간표가 제일 위쪽에, 그리고 이어서 1~2면에 각종 상업 정보들이 포진해 있고, 3면에는 해외 각지(주로 일본)에서 도착한 서신들을 수록했다. 마지막에 경보Beijing Gazette도 수록하고 있다. 4면에는 상해 도서관 신착도서 목록, 다양한 상업광고sale, 경매 정보 등이 수록돼 있다.

21. 한보람, 앞의 글, 140면.

22. 상해의 신문들 이외에 홍콩의 신문들과 영자신문들은 직접 인용이기보다 상해 신문들에서 재인용한 것들일 가능성이 더 높다.

23. 「오스트리아·프러시아·이태리가 동맹하다」, 《한성순보》 5호, 1883. 12. 9.

24. 「각국신제군함표」, 《한성순보》 7호, 1883. 12. 29.

25. "金君之不知時務如此是奚異於引蛇入宅哉其愚甚矣", 「금변귀법金邊歸法」, 《한성순보》 21호, 1884. 4. 21.

26. 《한성순보》 제1호 창간호에서는 순보서, 내국기사, 각국근사가 순서대로 나오고, 지구전도와 함께 지구도해, 지구론, 그리고 이어서 논주양이 마지막으로 수록되어 있다. 논주양은 연쇄 기사로 1호에서는 아시아주에 대한 백과사전적 설명이 등장하고 2호에서는 유럽주, 3호에서는 아메리카주, 4호에서는 아프리카주, 5호에서는 오세아니아주가 차례로 소개된다.

27. 앞장에서 본 각국의 지략들, 즉 영국지략, 미국지략, 법국지략, 덕국지략과 마찬가지로 아메리카, 아프리카, 유럽에 대한 지리지 성격의 이 글들의 출처 역시 명시되어 있지 않다.

28. 《한성순보》는 이 매체에서 외국 문물, 과학 지식 관련 기사들을 여러 차례에 걸쳐 10여 건 인용하고 있다.

29. 김윤희, 「갑신정변 전후 '개화' 개념의 내포와 표상」, 《개념과 소통》 2, 2008 참조.

30. 서인西人(서양인)이 청불전쟁을 논한 '천진 소식'(「西人論中法戰事」), 서인

西人(서양인)이 중국 병력을 논한 '홍콩서보'의 논설(「西人論中國兵備」), 《호보》에 실린 프랑스 억제론(「防法論」), 국운이 쇠한 '우리 중국[我中國]'의 현재를 한탄하는 《중국공보관》의 「中西時勢論」 네 편이 모두 청불전쟁에 포커스가 맞춰져 있다.

31. 최희정, 「상해 프랑스조계의 확장과 상인조직의 자치활동」, 서강대 석사논문, 2007 참조.

32. 「[병사를 모집하는 계획이 나쁘다] [募兵計惡]」, 《한성순보》 12호, 1884. 2. 17.

33. 「병비역문兵費譯聞」, 《한성순보》 15호, 1884. 3. 18.

34. 28호(1884. 7. 22.)의 기사 「프랑스인은 예측하기 어렵다」와 33호(1884. 9. 10.)의 기사 「프랑스인은 예측하기 어렵다」(출처는 《호보》).

35. 29호(1884. 8. 1.)의 기사 「프랑스인은 무리하다」는 《신보》에서 가져온 기사로, 중국 선박이 프랑스 선박을 보고 기를 내려 예를 표하였으나 프랑스 선박은 아무 응답이 없었다는 점을 들어 비난한다.

36. 13호 「狂言可駭(놀라운 광언)」(《신보》), 1884. 2. 27.

37. 35호 「프랑스군이 크게 패하다」(홍콩 《화자일보》), 1884. 9. 29.

38. 5호 「흠차대신의 유시諭示에 대한 주요 보도」(《호보》), 1883. 12. 9.

39. 12호 「英盟可恃(영국의 맹약을 믿을 만하다)」, 1884. 2. 17.

3장 오랑캐에서 문명국으로, 우리가 발견한 유럽

1. 허재영 주해, 『태서신사언역본 주해』, 경진출판, 2015; 규장각 소장자료 해제 '태서신사람요'편 참조. 일본에서는 1896년 『십구세기사』(박문관)라는 제목으로 번역 출간되었다.

2. 규장각한국학연구원 소장자료, 해제 『사민필지』 편 참조.

3. 규장각한국학연구원 소장자료, 해제 『만국약사』 편 참조.

4. 장지연의 『만국사물기원역사』는 천문에서부터 지리, 인종, 풍속 등 28장 498개의 항목을 중국, 한국, 일본, 태서 각지에서 언제 처음 생겨났고 어떤 역사를 가지는지 설명한다. 장지연 저, 황재문 역, 『만국사물기원역사』, 한겨레출판, 2014 참조.

5. 김하염, 「모험용진은 청년의 천직」, 《서우》 12, 1907. 11. 1.
6. 「국가의 주동력主動力」, 《대한유학생회회보》 2, 1907. 4. 7.
7. 김하염, 「모험용진은 청년의 천직」, 《서우》 12, 1907. 11. 1.
8. 단산인, 「최선의 문명개화는 각종산업의 발달에 재在홈」, 《태극학보》 18, 1908. 2. 24.
9. 여강생 김진성, 「천하대세와 한국현상으로 경고동포」, 《대한학회월보》 9, 1908. 11. 25.
10. 「세계대학교중 학생 이천인 이상을 유有흔 자를 거擧ᄒ면 좌左와 여如홈」, 《서북학회월보》 2, 1908. 7. 1.
11. 여병현, 「격치학의 공용功用(續)」, 《대한협회회보》 7, 1908. 10. 25.
12. 「각국국력비교」, 《서북학회월보》 2, 1908. 7~9.
13. 구성지회원 김병조, 「일심단一心丹이 활아동포지무상양약」, 《대한협회회보》 12, 1909. 3. 25.
14. 여강생 김진성, 「천하대세와 한국현상으로 경고동포」, 《대한학회월보》 9, 1908. 11. 25.
15. 제임스 블라우트, 김동택 역, 『식민주의자의 세계 모델』, 성균관대학교 출판부, 2008
16. 문일평, 「한국의 장래문명을 논함」, 《태극학보》 12, 1907. 7. 24.
17. '한반도의 중립화'라는 아이디어의 변천사에 대해서는 박희호, 「구한말 한반도중립화론 연구」, 동국대 박사논문, 1998 참조.
18. 유병민, 「구주의 인정人情」, 《대한흥학보》 13, 1910. 5. 20.
19. 린페이林非, 방준호 역, 「루쉰, 국민성을 논하다」, 《중국어문논역총간》 28, 2011.1.; 김종윤, 「청말 국민성개조론에 대한 고찰」, 《중국학논총》 28, 2009; 차태근, 「량치차오와 중국 국민성 담론」, 《중국현대문학》 45, 2008.
20. 박현환, 「영미법덕국민성의 비교」, 《동광》 5, 1926. 9.
21. 野田義夫, 『欧米列強国民性の訓練』, 東京: 同文館, 1913.
22. 중문 번역자 천서우판陳寿凡은 이 책과 함께 Charles Benedict Davenport의 『인종개량학』을 편역한 바 있는데, 이 책 역시 일본에서 1914년 대

일본문명협회의 기획, 편역으로 출간되었다.

23. 「부엌기구로 본 각국의 국민성」,《동아일보》, 1932. 9. 8.
24. 설혜심, 「한국 신문에 나타난 프랑스의 이미지, 1920~1999」,《한국사학사학보》 33, 2016.
25. 식민지 시기, 즉 20세기 전반기에 유럽을 직접 눈으로 보고 체험한 이들의 여행기와 수기 등의 기록에 대해서는 이승원, 『세계로 떠난 조선의 지식인들』, 휴머니스트, 2009; 성현경 편, 『경성 에리뜨의 만국 유람기』, 현실문화, 2015; 규장각한국학연구원 편, 『조선사람의 세계여행』, 글항아리, 2011 참조.
26. 「제4계급의 해방과 불란서대혁명의 지위 (23) 노서아혁명의 유래(續)」,《동아일보》, 1921. 3. 26.; 「2월 혁명과 신사상의 발달(10)」,《동아일보》, 1921. 12. 1.
27. 「교육 없는 아이」(논설),《독립신문》, 1899. 3. 11.
28. 「학도는 개명의 기초」(논설),《독립신문》, 1899. 6. 28.
29. 「논설」,《독립신문》, 1896. 10. 8.
30. 단산인, 「최선의 문명개화는 각종산업의 발달에 재在홈」,《태극학보》 18, 1908. 2.
31. 「영국부선확장안 상원통과」,《동아일보》, 1928. 6. 23.
32. 「세계각국의 학창 학생의 기질과 학풍 타산석의 그 생활상」,《동아일보》, 1931. 1. 1.
33. 「노동당의 파란」,《동아일보》, 1931. 3. 8.
34. 「세계의 붕괴 세계의 재건」,《삼천리》 제4권 제9호, 1932. 9., 26~27면.
35. 박은식, 『한국독립운동지혈사』, 1920; 「일본은 동양의 독일」,《동아일보》, 1922. 5. 21.
36. 「비율빈독립운동의 사적 고찰(속)」,《동아일보》, 1924. 1. 28.
37. 몇 년 전 한국을 '아시아의 독일'이라고 기술한 책이 있어 눈에 띈다. 미국의 루치르 샤르마가 『비상하는 국가들』*Breakout Nations*에서 한 말로 한국이 자동차, 반도체, 조선업 등 제조업이 가장 발달한 나라로 일본을 뛰어넘기 때문이라는 것이다.

38. 「미인米人(미국인)의 배일排日 진상」(2), 《매일신보》, 1920. 7. 8.

39. 정언생, 「평화의 장래가 여하」(6), 《동아일보》, 1922. 2. 11. 정언생은 야
담가, 소설가로 활동한 신정언申鼎言(1902~?)을 떠오르게 하지만 확실
치 않다.

40. 그가 《동아일보》에 오랜 기간 연재한 글로 「태서교육의 역사적 관찰」,
「인도의 독립운동」, 「가주 배일의 이면」, 「중국의 배일 진상」, 「동양평
화와 이십일개조 문제」 등이 있다.

41. 「불국의 루얼지방 점령」, 《동아일보》, 1923. 1. 16.

42. 선우전, 「사회적으로 타협하고 경제적으로 협동하라」, 《동아일보》,
1923. 5. 27.

43. 「독일인의 수완이 진재중震災中에 발로」, 《동아일보》, 1923. 11. 1.

44. 「세계를 좌우하는 독일의 화학공업」, 《동아일보》, 1927. 10. 15.

45. 「독일영사관의 부흥」(사설), 《동아일보》, 1928. 6. 13.

46. 김현준, 「현대의 독일 구라파여행감상기 중에서」(11), 《동아일보》,
1928. 6. 19.

47. 「조선인의 교육용어를 일본어로 강제함을 폐지하라」(下), 《동아일보》,
1920. 4. 13.

48. 박승철은 초대 주미 공사 박정양의 아들로, YMCA에서 영어 교육을 받
고 일본 와세다대학으로 유학을 가서 동경유학생 기관지 《학지광》의
편집 겸 발행인으로 활동하면서 독립운동에 참여하게 되는 인물이다.
김준연과 함께 1921년 독일 베를린대학에서 유학하였고 1925년 귀국
후 여러 학교에서 서양사를 강의했다. 그가 쓴 독일 및 유럽 체험기로
는 1922~1924년에 《개벽》에 연재한 「독일 가는 길에」(1, 2, 3), 「파리와
백림」, 「독일지방의 2주간」, 「고 '라텐아우'국장당일의 백림」, 「파란波蘭
(폴란드), 화란和蘭(네덜란드), 백이의白耳義(벨기에)를 여행하고서」, 「북극
열국견문기」, 「남구, 빨칸 반도, 기타 열국을 역유歷遊하고」 등이 있다.

49. 최근 해외의 한국학자들에 의해 독일 유학생 도유호 등의 유럽 내
활동을 다각도로 조명하는 책이 출간되었다. Andreas Schirmer(ed.),
Koreans in Central Europe: To Yu-ho, Han Hung-su, and Others,

Praesens, 2018.

50. 최두선, 「독일유학과 학비」(3), 《동아일보》, 1922. 10. 31.

51. 에르뮌 야안, 「나치스의 생활감정」, 《동아일보》, 1933. 6. 29.

52. 고영환, 「청천벽력과 같은 독일의 재군비선언」, 《동아일보》, 1935. 3. 18.

53. 「영독회상英獨會商과 구주평화」(사설), 《동아일보》, 1935. 3. 28.

54. 「외국문단소식 – 황금의 하프」, 《동아일보》, 1933. 9. 6.

55. 「확대강화하는 반나치스 운동」, 《동아일보》, 1933. 5. 23.

56. 「세계좌익문단의 거성 '바르뷰스'를 논함」, 《동아일보》, 1935. 9. 4.; 「세계문단의 당면동의當面動議」, 《동아일보》, 1935. 10. 15.; 「문화옹호작가대회」, 《동아일보》, 1936. 4. 23.; 「세계문단동향보고 – 중국문단의 최근 동향」, 《동아일보》, 1936. 2. 20.; 「국제작가대회의 교훈」, 《동아일보》, 1936. 5. 28.~6. 2.; 「최근 영문단英文壇의 군성群星」, 《동아일보》, 1936. 8. 25.; 「안함광, 지성의 자유와 휴매니즘의 정신」, 《동아일보》, 1937. 7. 1.; 「문화옹호의 열정과 의의」, 《동아일보》, 1937. 11. 25.~28.

57. 「독일의 소년」, 《청춘》 7호, 1917. 5. 이 글에 앞서 2호에는 독일국 특집이 마련되어 '독일에 관해 알고 싶은 모든 것'이 소상하게 소개되고 있다.

58. 1차 세계대전 이후에 발간된 《태서문예신보》가 보이는 서양문학과 문명에 대한 예찬은, 1차 세계대전이 당시 조선인들에게 서구 문명에 대한 새로운 사고를 할 계기가 되지 못했음을 방증하는 것으로 해석되기도 한다(김행숙, 「《태서문예신보》에 나타난 근대성의 두 가지 층위」, 《국어문학》 36, 2001 참조).

59. 관련 글로는 「나치스」, 《호남평론》 1권 7호, 1935. 12. 15.; 배치문, 「나치스 독일은 어디로」, 《호남평론》 2권 6호, 1936. 6. 15.; 안병주, 「나치스의 발광과 제3제국의 자멸책」, 《신계단》 10, 1933. 7. 5. 등 참조.

60. 유홍렬, 「근세 천주교도의 서양관」, 《동아문화》 4, 1965. 10.

61. 박성흠, 「국민의 특성」, 《서우》 11, 1907. 10.

62. 「니콜라이 레닌은 엇더한 사람인가」(七), 《동아일보》, 1921. 6. 16.

63. 「세계각국의 학창 학생의 기질과 학풍 – 타산석의 그 생활상」, 《동아일

보》, 1931. 1. 1.

64. 「온갖 유행의 중심지는 불란서서울 파리, 여섯가지 되는 그 이유」,《매일신보》, 1930. 7. 11.

4장 사상과 문화의 보물 창고: 근대 문화의 지향점이 된 유럽

1. 최한기, 「천하의 교법을 천인天人 관계의 입장에서 질정質正한다」, 『신기통』 제1권 체통體通, 1836(헌종 2). 최한기는 『추측록』(1836)의 '추기측리'에서도 가노의 지구 일주를 언급하며 이때부터 지구가 둥글다는 것이 분명해졌음을 말한 바 있다.

2. 허헌의 「세계일주기」는 《동아일보》에, 이정섭의 「세계일주기행」은 1828년 《중외일보》에 80회로 연재되었다. 한편 이순탁은 『세계일주기행』, 한성도서, 1934를 단행본으로 출간했다.

3. "근래와서 조선의 종관縱貫철도가 세계의 대교통로가 되어 여객화물이 갈스록 이길로 모여드니 이로정이 경의선으로 북서향하야 경부선으로 남동귀함은 또한 세계적 대로에 처함을 얼마콤 자격刺激코져 함이라. (…) 평양은 경의선중 역사가 최구最久하고 경승이 최호最好할뿐아니라 장래에 유수한 세계적 대도회가 될지니라." 「세계일주가」,《청춘》 1호, 1914. 10.

4. 김동식은 최남선의 두 작품 「경부철도노래」와 「세계일주가」 모두 "(가상)체험적인 감상과 역사지리학적인 주석이 첨부된 철도여행 안내서"의 성격을 가지고 있다고 지적하며 이 당시 철도란 그 자체로 '거대한 글쓰기'였다고 본다.(김동식, 「철도의 근대성」,《돈암어문학》 15, 2002 참조.)

5. [원주] 운데르 덴 린덴, 윌헤름, 케니히, 라이프치히에르 등은 뻬를린 부 중 가장 번화한 시가.

6. [원주] 뻬를린시정의 가장 저명한 것이니 런돈이나 파리나 윈이나 늬유욕가튼 데는 하수를 배출함에 편리한 깁흔 하류가 잇스나 치카코와 베를린은 뽑아내는일이 어려움으로 여러 가지로 궁리한뒤에 전시를 십이하수구역에 난호아 하수를 지하로 도하야 삼사십리되는 시외광야로 유방하게하니라.

7. 근대 계몽기와 1920년대를 풍미한 소년, 청년 담론에 관해서는 소영현, 『문학청년의 탄생』, 푸른역사, 2008 참조.

8. 「우리는 읽어야하고 읽을줄을 아러야한다」(사설), 《태서문예신보》 2, 1918.

9. 「학자의 권위를 사思함」, 《동아일보》, 1923. 6. 24.

10. 외배, 「독서를 권함」, 《청춘》 4호, 1915. 1.

11. 취공(김동환), 「문학혁명의 기운機運」, 《동아일보》, 1924. 10. 13. 파인은 이 글의 결론에서 조선에서 발흥하기 시작한 근대문학이 '국민성을 지도한다는 큰일'을 위해 시엔키에비치가 부르짖은 "불과 칼을 갖고서" 임해야 함을 주장한다.

12. 취공, 위의 글 참조.

13. 반면 20세기 들어 쓰인 운양 김윤식의 『운양집(운양속집)』(1914, 1930)에는 '문호'라는 말이 일반적인 '문인', '문우'라는 뜻으로 자주 쓰이고 있어 특징적이다. "到處文豪歡相迎 이르는 곳마다 문호들이 기뻐하며 맞아주어 / 歷覽麗都與箕城 고려 도읍과 평양 두루 유람하였네"(「제정소석題鄭篠石 우민又民 일견록후—見錄後」, 『운양속집』 1권, 이지양 (역), 2014) "海內文豪歷數來 나라 안의 문호를 낱낱이 살펴보면 / 鄧林豈少一凡材 등림엔들 어찌 평범한 나무 없겠는가"(「사교육회축하연謝敎育會祝賀筵」, 같은 책, 이상 이지양 (역), 2014, 한국고전종합DB 참조.)

14. 1호부터 12호까지 순서대로 칼라일(1795~1881), 매콜리(1800~1859), 오규 소라이(1666~1728), 워즈워드(1770~1859), 괴테(1749~1832), 에머슨(1803~1882), 치카마츠 몬자에몽(1653~1725), 아라이 하쿠세키(1657~1725), 위고(1802~1885), 톨스토이(1828~1910), 라이 산요(1780~1832), 교쿠테이 바킨(1767~1848)이고 이후 호외로 앤드류 존슨(1865~1869), 실러(1759~1805), 바이런(1788~1824), 퍼시 셸리(1792~1822), 가키노모토노 히토마로(660?~720?) 다섯 권을 추가하였다.

15. 1936년 잡지 《삼천리》는 '삼천리문예강좌' 시리즈 가운데 「세계문호강좌」를 편성하고 이백과 두보(양백화, 1회), 백낙천(박종화, 5회, 7회) 즉 중국의 시인들을 다룬 바 있으나 이는 매우 예외적인 일이다(《삼천리》,

1935. 11, 1936. 4, 8.).

16. 윤고종, 「문학유산문제와 해외문학파의 임무」, 《동아일보》, 1934. 2. 8.

17. 대표적으로 단재 신채호는 전통과 근대를 대척점에 놓기보다는 함께 사고하고자 했으며, 평론가 임화는 외부(서양)으로부터의 문화의 이식 은 전통문화의 유산 위에서 이루어져야 한다고 보았다.

18. 이와 관련하여 근대문학 작가들의 문학 작품들에 내재한 한문 전통, 한문의 맥락에 대한 연구로 정기인, 「한국 근대시 형성과 한문맥」, 서 울대 박사논문, 2017이 있다.

19. '세계문호'에는 베이컨, 칼라일, 에머슨, 마르크스, 니체 등 서양의 사 상가나 철학자들도 모두 포함되곤 했으며(「세계문호경구집」, 《별건곤》 25~33호, 1930. 1~9월호 연재), 당대 외국의 유명인사, 위인이라는 의미로 받아들여지기도 했다(「문호를 만난 인상(회고 수기)」, 《삼천리》 8권 6호, 1936. 6).

20. 「세계문호강좌」(1), 《삼천리》 8권 2호, 1936. 1.

21. 「세계문호강좌」(5), (7), 《삼천리》, 1936. 4, 8.

22. 「근대의 우리 문호」, 《삼천리》 8권 4호, 1936. 4.

23. 「성당盛唐 시대의 삼문호三文豪」, 《삼천리》 12권 6호, 1940. 6.

24. 이는 '문학 저널리즘'이 행한 마케팅의 일환이라 볼 수 있을 것이다(박 숙자, 『속물 교양의 탄생』, 푸른역사, 2012, 241~242면 참조).

25. 닐 맥그리거 저, 강미경 역, 『100대 유물로 보는 세계사』, 다산초당, 2014, 596면 참조.

26. 에릭 홉스봄, 이용우 역, 『극단의 시대: 20세기 역사』 상, 까치, 1993.

27. 일본 《관보》, 1888. 2. 25.

28. 「오월오일 ◇ 나옹奈翁백년제」 《동아일보》, 1921. 5. 5.

29. 최남선의 「아브라함 린커언 백년기념」은 그의 생애를 기리고 칭송하 는 장문의 창가 가사이다. 최남선은 1910년 톨스토이 서거에 맞춰 「톨 스토이 선생을 곡함」이라는 가사도 지은 바 있다(《소년》, 1910. 12.).

30. 「나옹那翁서후 1백년」(전5회), 《조선일보》, 1921. 5.11.~15.

31. 일기자—記者, 「두옹杜翁의 생애와 예술, 그의 탄생 백년 기념을 기회로

254

하야」(전 5회),《조선일보》, 1928. 9. 21.~28.

32. 「3월 10일 낙위諾威(노르웨이)에 거행되는 입센 1백년제」,《조선일보》, 1928. 3. 20.; AZ생, 「입센의 일생. 1백년제에 임하여」(전2회) (1)~(2), 《조선일보》, 1928. 3. 20.~23.

33. 백민, 「진리에 철저를 설說한 놀웨의 대시인, 백년제를 당當한 헨릭 입센」,《동광》 제14호, 1927. 6. 1.

34. 「브레이크사후백년제 입센탄생백년제」(1)~(9),《동아일보》 1928. 4. 1~10.

35. 「백년제를 당當하야[헤-겔]과 현대」(1)~(3),《동아일보》, 1931. 11. 14.~17.; 「헤-겔백년제 기념대강연」,《동아일보》, 1931. 11. 14.; 「헤겔백년제기념 강연회」,《조선일보》, 1931. 11. 12.

36. 백낙준, 「금일의 「와싱톤」 탄생 이백년제를 당當하야」(1)~(8),《동아일보》. 1932. 2. 22.~28., 3.1.

37. 백남운, 「정다산백년제의 역사적 의의」,《신조선》 12, 1935. 8.

38. 이광수, 「유고오에 대한 회상 - 유고오 사후 오십년제에 -」; 이헌구, 「빅톨유고오의 생애와 예술」; 이원조, 「불문학사상의 유고오의 지위」 (이상 모두《조선일보》 1935. 5. 23.)

39. 「삐제와카르멘 그의 탄생백년제를 앞두고」(상, 중, 하),《동아일보》, 1938. 10. 23~27.

40. 「쎄잔의 생활과 예술 그의 생후백년제를 당當하야」(1)~(4),《동아일보》, 1939. 3. 30.~4. 7.

41. 「에밀졸라의 회상 그 생탄백년을 당當하야」(1)~(2),《동아일보》, 1940. 4. 11.~12.

42. 정인섭, 「해외문학파를 전후한 외국문학의 수용」,《광장》 111, 1982; 이혜령, 「《동아일보》와 외국문학, 해외문학파와 미디어」,《한국문학연구》, 2008 참조.

43. 김억 - 양주동과의 번역 논쟁, 임화 - 송영 등 카프 비평가들과의 논쟁 등이 있다.

44. 임화, 「해외문학파의 의의」,《비판》 4권 4호, 1936. 6, 117면.

45. 정인섭, 「두옹과 사옹극(12) – '센티 – 너리'를 마치고」, 《동아일보》, 1928. 10. 6.

46. 이헌구, 「조선문학은 어대로 (1)」, 《동아일보》, 1934. 1. 1.

47. 이헌구는 카프 비평가 철우(임화)가 「소위 해외문학파의 임무와 정체」(《조선지광》 2, 1932. 2.)라는 글에서 (해외문학파의) 문학에 대한 역사적 연구를 '소부르인텔리의 하는 짓'이라고 규정한 데 대한 반론으로 「문학유산에 대한 맑스주의자의 견해」(《동아일보》, 1932. 3. 10.)를 발표한다. 여기서 그는 독일의 마르크스주의자이자 문예비평가인 프란츠 메링크가 "일생을 독일 고전 작가와 프롤레타리아를 접근시키는 데 최대의 노력을 다하여왔다"는 점을 거론하며 고전을 연구하는 것이 비진보적이고 비현대적인 일이 아님을 역설한다.

48. 서항석, 「독일의 세계적시성 괴 – 테의 경력과 작품」(1932. 3. 22.~4. 2. 연재); 김진섭, 「현자 괴 – 테」; 조희순, 「괴 – 테의 희곡에 나타난 정치, 사회사상」(1932. 3. 22.~24. 연재).

49. 「톨스토이 생탄 백년기념」, 《동아일보》, 1928. 9. 10.(사설)

50. 「괴테백년제 – 예술적 독일의 대표자」, 《동아일보》, 1932. 3. 23.(사설)

51. 『ゲ―テ年鑑』, 日本ゲ―テ協会 編, 東京: 南江堂書店, 1932; 『ゲ―テ研究 : 百年祭記念』, 日独文化協会 編, 岩波書店, 1932. 일본의 괴테 백년제 관련해서는 김미지, 「20세기 초 동아시아에서 괴테 수용과 '베르테르'번역 비교 연구」, 《민족문학사연구》 67, 2018, 352면 참조.

52. 「유고 – 기념의 기후其後」, 《동아일보》, 1935. 6. 1.

53. 「『유고의밤』을 개최 문단제씨발기文壇諸氏發起로 백합원에서」, 《동아일보》, 1935. 5. 22.

54. 이 기사들은 모두 1935년을 다산이 서세한 해로, 그리고 7월 16일을 강진降辰, 즉 탄생한 날짜로 적고 있어 실제 기록과 차이가 있다.

55. 「정다산선생서세백년을 기념하면서」(사설), 《동아일보》, 1935. 7. 16.

56. 백남운, 「정다산의 사상」, 《동아일보》, 1935. 7. 16.

57. 안재홍, 「근대의 우리 문호 – 다산의 사상과 문장」, 《삼천리》, 1936. 4., 333면.

58. 안재홍, 위의 글, 330~331면.

59. 노관범, 「근대 초기 실학의 존재론」,《역사비평》봄호, 역사비평사, 2018 참조.

60. 안재홍, 「천대되는 조선」,《조선일보》, 1935. 10. 2.~5.

61. 「본사학예부주최로 기념강연회개최」,《동아일보》, 1935. 7. 16.

62. 김남천, 「조선은 과연 누가 천대하는가?」,《조선중앙일보》, 1935. 10. 18.~27.

63. 전원배, 「문단시감(5) – 천대되는 조선에 대對한 시비」,《동아일보》, 1935. 11. 15.

64. 임화, 「어떤 청년의 참회」,《문장》 13, 1940. 2.

65. 그는 작가로 데뷔하던 무렵인 1930년 전후 '몽보夢甫'라는 필명을 쓰면서 영국 소설가 캐서린 맨스필드의 「차 한잔」, 미국 소설가 헤밍웨이의 「도살자」, 아일랜드 소설가 리엄 오플래허티의 「봄의 파종」, 「조세핀」 등 영문학 작품들을 번역해 신문지상에 발표했다. 이에 대해서는 김미지, 「박태원의 해외문학 번역을 통해 본 1930년대 번역의 혼종성과 딜레마」,《한국현대문학연구》 41, 2013 참조.

66. 박태원이 읽은 책의 목록은 주로 「표현 묘사 기교-창작여록」(1934), 「구보가 아즉 박태원일때 – 문학소년의 일기」(1936), 「순정을 짓밟은 춘자」(1937), 「춘향전 탐독은 이미 취학 이전」(1940) 등의 수필에 집중적으로 소개되어 있다.

67. 박태원, 「순정을 짓밟은 춘자」,《중앙》, 1936. 4. (류보선 편, 『구보가 아즉 박태원일 때』, 깊은샘, 2005, 228면)

68. Edward Mack, 「The Extranational Flow of Japanese-Language Texts, 1905~1945」,《사이》 6, 2009 참조.

69. 박태원이 작가로 등장하기 시작한 1920년대 후반에서 1930년대 초반은 일본어 서적이 크게 인기를 끌던 시기이다. 이는 '국어', 즉 일본어 해독력의 급격한 확산과 관련이 있다. 일본어 수준의 향상은 조선어 번역서의 출간을 가로막는 조건이 되기도 했다. 천정환, 『근대의 책읽기』, 푸른역사, 2003, 32~33면 참조.

70. 박태원, 「춘향전 탐독은 이미 취학 이전」, 류보선 편, 앞의 책, 231면.

71. 당시 총서나 문고 가운데 많은 판본이 영화대역英和對譯(또는 일미대역 日米對譯)으로 출간되었다. 일례로 춘양당의 『영미근대문학총서』는 아예 시리즈에 속하는 대부분의 책들이 영문과 번역문을 병치해놓고 있다. 1930년대 전후로는 중국 고전을 일본인 번역자들이 일본어와 영어로 동시 번역해 놓은 판본들 즉 영화쌍역英和雙譯본도 많이 나왔음을 확인할 수 있다. 예컨대 『영화쌍역지나고전전집英和雙譯支那古典全集』, レッグ 英譯; 淸水起正; 廣瀬又一 譯, 二三子堂書店, 1932; (英和雙譯)四書 / 廣瀬又一; 淸水起正 共編, 日本英語社, 1936. 그 시대 일본의 '영어교육열'을 짐작할 수 있는 대목이다.

72. 이에 관해서는 다음 논문들을 통해 상세히 고찰한 바 있다. 김미지, 「박태원의 외국문학 독서 체험과 '기교'의 탄생」, 《구보학보》 5, 2010. 1.; 김미지, 「식민지 작가 박태원의 외국문학 체험과 '조선어'의 발견」, 《대동문화연구》 70, 2010. 6.

73. 박태원, 「문예시평」, 《매일신보》, 1933. 9. 21.~10. 1.(류보선, 앞의 책, 357면)

74. 박태원, 「소설가 구보씨의 일일」, 『소설가 구보씨의 일일』, 깊은샘, 1994, 263면.

75. 정인섭, 「32년 문단 전망(20) – 세계문단과의 연락에」, 《동아일보》 1932. 1. 22., 5면.

76. 염무웅, 「생의 균열로서의 서구문학 체험」, 《문학수첩》, 2005년 여름. 염무웅은 근대문학사상 최초의 시집이 번역시집(김억, 『오뇌의 무도』)이 었다는 사실은 한국문학의 근대가 지닌 구조적 문제점을 상징적으로 예시한다고 말한다.

77. 「내가 감격한 외국작품」, 《삼천리》, 1931. 1.; 「내게 감화를 준 인물과 그 작품」, 《동아일보》, 1932. 2. 18~3. 9.; 「내가 사숙하는 내외작가」, 《동아일보》, 1935. 7. 5.~30.; 「나의 수업시대修業時代 작가의 올챙이 때 이야기」, 《동아일보》, 1937. 7. 22.~8. 21.

78. 「초청안 – 세계적 정치가·사상가·문호·과학자(설문), 《삼천리》, 7권 11호, 1935. 12.

79. 근대 초기 세계명작, 태서걸작의 리스트가 만들어지고 작가나 지식인 들에 의해 '고전'과 '명작'의 지위가 '정전'으로 공고화하는 과정에 대 해서는 박숙자, 앞의 책(2012) 참조.

80. 戸川秋骨(토가와 슈코츠) 訳, 『영국근대걸작집』 상권(태서명저문고), 1915.

81. 정인섭, 「32년 문단 전망(20) – 세계문단과의 연락에」, 《동아일보》, 1932. 1. 22.

82. 임화, 임규찬·한진일 편, 『임화 신문학사』, 한길사, 1993 참조.

83. 김성근, 「문학논편(7) – 번역문학의 수립」, 《동아일보》, 1930. 10. 9.

84. 이헌구, 「불란서문단 종횡관」, 《문예월간》 1~2, 1931. 11~12.

85. 《매일신보》에서는 1935년 벽두에 '문학 빈곤'의 원인을 묻는 문단인 설문조사를 대대적으로 실시했고(1935년 1월 1일, 3일, 5일) 《조선중앙일 보》에서는 1936년 벽두 '문단 침체 타개책'과 관련한 좌담회(1936. 1. 3.) 를 마련했다.

86. 이헌구, 앞의 글.

87. 리어우판李歐梵은 상하이에 있었던 서구의 식민적 존재에도 불구하고, 중국 작가들의 의심할 바 없는 중국인으로서의 정체성이 서구의 근대 성을 기꺼이 받아들일 수 있는 원인이 되었다고 보는데(『상하이 모던』, 492면), 조건은 다르지만 일본의 식민지였던 조선의 경우 오히려 서구 를 적극적으로 받아들임으로써 이 점에서는 식민 본국 일본과 대등할 수 있었다고 볼 수 있다.

나오며 유럽이라는 우리 안의 타자, 그들을 통해 본 우리
1. 김윤식, 『비도 눈도 내리지 않는 시나가와역』, 솔출판사, 2005.

2. 「테러 이후 파리 다시 찾는 관광객들… "어차피 안전한 곳 없다"」, 《뉴 시스》, 2017. 7. 27.; 「테러로 위축된 프랑스 파리 관광경기 다시 '활 기'」, 《연합뉴스》, 2018. 2. 22.

우리 안의 유럽, 기원과 시작
근대의 문턱에서 조우한 유럽

1판 1쇄 펴냄 | 2019년 6월 30일
1판 2쇄 펴냄 | 2019년 8월 10일

지은이 | 김미지
발행인 | 김병준
편　집 | 이종배
디자인 | 이창욱 · 이순연
마케팅 | 정현우 · 김현정
발행처 | 생각의힘

등록 | 2011. 10. 27. 제406-2011-000127호
주소 | 경기도 파주시 회동길 37-42 파주출판도시
전화 | 031-955-1653(편집), 031-955-1321(영업)
팩스 | 031-955-1322
전자우편 | tpbook1@tpbook.co.kr
홈페이지 | www.tpbook.co.kr

ISBN 979-11-85585-68-0 03910

이 도서의 국립중앙도서관 출판예정도서목록(CIP)은
서지정보유통지원시스템 홈페이지(http://seoji.nl.go.kr)와
국가자료종합목록 구축시스템(http://kolis-net.nl.go.kr)에서
이용하실 수 있습니다.(CIP제어번호 : CIP2019016146)